KUMON MATH WORKBOOKS

Addition & Subtraction

Table of Contents

KUMON

2-Digit Addition Review

Level ☆

Score

1 /100

1 **Add.**

2 points per question

(1)
```
  1 4
+   3
  1 7
```

(6)
```
  3 4
+   8
  2 5
```

(11)
```
  2 7
+ 1 8
  5 4
```

(16)
```
  4 0
+ 5 1
  1 0
```

(2)
```
  2 1
+   8
```

(7)
```
  1 3
+ 2 5
```

(12)
```
  3 9
+ 1 5
```

(17)
```
  3 2
+ 4 9
```

(3)
```
  2 7
+   3
```

(8)
```
  2 5
+ 3 2
```

(13)
```
  2 6
+ 4 8
```

(18)
```
  2 9
+ 6 6
```

(4)
```
  2 9
+   5
```

(9)
```
  3 4
+ 4 2
```

(14)
```
  3 3
+ 4 7
```

(19)
```
  3 8
+ 3 5
```

(5)
```
  3 0
+   6
```

(10)
```
  1 6
+ 2 7
```

(15)
```
  5 0
+ 4 0
```

(20)
```
  1 7
+ 3 8
```

② Add.

(1) 26
    +33

(2) 29
    +65

(3) 17
    +82

(4) 34
    + 9

(5) 50
    +47

(6) 32
    +58

(7) 48
    +49

(8) 56
    +43

(9) 63
    +18

(10) 25
     +57

(11) 27
     +68

(12) 70
     +29

(13) 65
     +33

(14) 56
     +34

(15) 19
     +73

(16) 46
     +45

(17) 62
     +24

(18) 44
     +38

(19) 28
     +66

(20) 32
     +59

Did you remember your addition?

1 Add.

2 points per question

(1)   45
    +32

(2)   43
    +35

(3)   54
    +36

(4)   65
    +27

(5)   50
    +70

(6)   60
    +78

(7)   62
    +74

(8)   84
    +62

(9)   49
    +80

(10)   62
    +65

(11)   64
    +43

(12)   54
    +83

(13)   65
    +78

(14)   83
    +68

(15)   96
    +37

(16)   45
    +86

(17)   57
    +95

(18)   79
    +41

(19)   66
    +64

(20)   74
    +98

2 Add.

(1)
```
   6 3
 + 8 4
```

(2)
```
   5 2
 + 9 0
```

(3)
```
   4 7
 + 8 7
```

(4)
```
   5 9
 + 6 5
```

(5)
```
   6 8
 + 3 9
```

(6)
```
   4 8
 + 5 7
```

(7)
```
   3 6
 + 7 4
```

(8)
```
   3 5
 + 6 7
```

(9)
```
   4 3
 + 7 1
```

(10)
```
   7 5
 + 6 7
```

(11)
```
   5 0
 + 7 6
```

(12)
```
   5 2
 + 6 9
```

(13)
```
   4 3
 + 9 8
```

(14)
```
   6 4
 + 3 6
```

(15)
```
   4 9
 + 6 8
```

(16)
```
   9 2
 + 2 8
```

(17)
```
   7 5
 + 2 6
```

(18)
```
   6 8
 + 4 8
```

(19)
```
   8 7
 + 5 5
```

(20)
```
   9 8
 + 7 3
```

When you're finished, don't forget to check your answers.

1 Add.

2 points per question

(1) 26
+18

(2) 32
+ 9

(3) 53
+24

(4) 47
+25

(5) 54
+30

(6) 71
+28

(7) 45
+38

(8) 36
+ 7

(9) 29
+16

(10) 68
+ 2

(11) 50
+34

(12) 18
+27

(13) 75
+16

(14) 48
+39

(15) 23
+67

(16) 22
+18

(17) 31
+66

(18) 46
+17

(19) 59
+34

(20) 65
+19

② Add.

(1)
$$\begin{array}{r} 52 \\ +63 \\ \hline \end{array}$$

(6)
$$\begin{array}{r} 85 \\ +45 \\ \hline \end{array}$$

(11)
$$\begin{array}{r} 53 \\ +80 \\ \hline \end{array}$$

(16)
$$\begin{array}{r} 61 \\ +74 \\ \hline \end{array}$$

(2)
$$\begin{array}{r} 74 \\ +35 \\ \hline \end{array}$$

(7)
$$\begin{array}{r} 56 \\ +97 \\ \hline \end{array}$$

(12)
$$\begin{array}{r} 47 \\ +79 \\ \hline \end{array}$$

(17)
$$\begin{array}{r} 36 \\ +98 \\ \hline \end{array}$$

(3)
$$\begin{array}{r} 40 \\ +93 \\ \hline \end{array}$$

(8)
$$\begin{array}{r} 64 \\ +48 \\ \hline \end{array}$$

(13)
$$\begin{array}{r} 37 \\ +66 \\ \hline \end{array}$$

(18)
$$\begin{array}{r} 72 \\ +50 \\ \hline \end{array}$$

(4)
$$\begin{array}{r} 68 \\ +83 \\ \hline \end{array}$$

(9)
$$\begin{array}{r} 73 \\ +54 \\ \hline \end{array}$$

(14)
$$\begin{array}{r} 52 \\ +48 \\ \hline \end{array}$$

(19)
$$\begin{array}{r} 95 \\ +17 \\ \hline \end{array}$$

(5)
$$\begin{array}{r} 70 \\ +60 \\ \hline \end{array}$$

(10)
$$\begin{array}{r} 96 \\ +45 \\ \hline \end{array}$$

(15)
$$\begin{array}{r} 84 \\ +39 \\ \hline \end{array}$$

(20)
$$\begin{array}{r} 59 \\ +46 \\ \hline \end{array}$$

Now let's move on to 3-digit addition!

3-Digit Addition

1 Add.

2 points per question

(1) 　100
　 +　70

(4) 　126
　 +　42

(7) 　115
　 +　 7

(10) 　128
　 +　53

(2) 　106
　 +　80

(5) 　136
　 +　44

(8) 　128
　 +　 3

(3) 　120
　 +　43

(6) 　110
　 +　 4

(9) 　138
　 +　 5

2 Add.

3 points per question

(1) 　116
　 +　29

(4) 　223
　 +　69

(7) 　433
　 +　58

(10) 　427
　 +　54

(2) 　124
　 +　39

(5) 　225
　 +　47

(8) 　138
　 +　44

(3) 　204
　 +　86

(6) 　315
　 +　36

(9) 　412
　 +　59

③ Add.

2 points per question

(1)
```
  1 0 0
+ 1 0 0
```

(2)
```
  2 0 0
+ 1 0 0
```

(3)
```
  3 0 0
+ 2 0 0
```

(4)
```
  4 0 0
+ 3 0 0
```

(5)
```
  4 0 0
+ 5 0 0
```

(6)
```
  1 3 0
+ 1 1 0
```

(7)
```
  2 1 0
+ 1 2 0
```

(8)
```
  3 2 0
+ 2 2 0
```

(9)
```
  3 5 0
+ 4 4 0
```

(10)
```
  5 5 6
+ 3 4 3
```

④ Add.

3 points per question

(1)
```
  3 2 5
+ 1 4 2
```

(2)
```
  3 2 5
+ 1 5 3
```

(3)
```
  3 2 5
+ 1 2 9
```

(4)
```
  2 5 4
+ 4 3 7
```

(5)
```
  2 5 4
+ 4 3 8
```

(6)
```
  3 1 5
+ 3 3 8
```

(7)
```
  3 0 8
+ 3 3 3
```

(8)
```
  4 8 3
+ 2 0 9
```

(9)
```
  5 0 8
+ 2 6 6
```

(10)
```
  4 3 2
+ 1 4 8
```

How are you doing with your vertical addition?

3-Digit Addition

Date / /

Name

Level

Score
/100

1 Add.

2 points per question

(1)
```
  647
+ 100
```

(6)
```
  230
+ 140
```

(11)
```
  231
+ 550
```

(16)
```
  237
+ 208
```

(2)
```
  446
+ 330
```

(7)
```
  232
+ 215
```

(12)
```
  714
+ 120
```

(17)
```
  129
+ 309
```

(3)
```
  572
+ 118
```

(8)
```
  247
+ 315
```

(13)
```
  454
+ 318
```

(18)
```
  256
+ 406
```

(4)
```
  503
+ 219
```

(9)
```
  528
+ 412
```

(14)
```
  306
+ 187
```

(19)
```
  377
+ 609
```

(5)
```
  354
+ 225
```

(10)
```
  367
+ 518
```

(15)
```
  656
+ 236
```

(20)
```
  483
+ 308
```

2 Add.

3 points per question

(1) 564
    +121

(2) 631
    +253

(3) 733
    +259

(4) 867
    +123

(5) 408
    +367

(6) 315
    +128

(7) 243
    +408

(8) 224
    +369

(9) 579
    +106

(10) 128
     +245

(11) 209
     +401

(12) 328
     +463

(13) 147
     +243

(14) 523
     +369

(15) 407
     +308

(16) 128
     +459

(17) 279
     +216

(18) 105
     +146

(19) 161
     +209

(20) 134
     +406

Don't forget to check your answers
when you're done!

Date / /

Name

1 Add.

2 points per question

(1) 345
    +120

(2) 345
    +127

(3) 457
    +128

(4) 376
    +105

(5) 473
    +108

(6) 346
    +102

(7) 462
    +154

(8) 254
    +190

(9) 135
    +282

(10) 592
     +185

2 Add.

2 points per question

(1) 670
    +180

(2) 260
    +389

(3) 164
    +494

(4) 192
    +312

(5) 290
    +379

(6) 184
    +506

(7) 309
    +262

(8) 262
    +375

(9) 138
    +502

(10) 142
     +219

3 Add.

(1)
```
  232
+ 496
```

(2)
```
  171
+ 458
```

(3)
```
  249
+ 317
```

(4)
```
  284
+ 123
```

(5)
```
  190
+ 380
```

(6)
```
  262
+ 374
```

(7)
```
  549
+ 116
```

(8)
```
  364
+ 108
```

(9)
```
  484
+ 235
```

(10)
```
  270
+ 540
```

(11)
```
  378
+ 104
```

(12)
```
  218
+ 178
```

(13)
```
  524
+ 259
```

(14)
```
  504
+ 386
```

(15)
```
  123
+ 148
```

(16)
```
  214
+ 604
```

(17)
```
  329
+ 464
```

(18)
```
  185
+ 392
```

(19)
```
  259
+ 627
```

(20)
```
  250
+ 387
```

Great work. Let's keep going!

1 Add.

2 points per question

(1)
```
  2 9 3
+ 3 8 5
```

(2)
```
  3 5 2
+ 4 7 3
```

(3)
```
  3 8 1
+ 5 2 5
```

(4)
```
  2 6 3
+ 6 7 4
```

(5)
```
  2 7 4
+ 3 8 5
```

(6)
```
  2 5 7
+ 1 3 3
```

(7)
```
  2 4 2
+ 3 3 8
```

(8)
```
  3 6 8
+ 1 2 6
```

(9)
```
  2 1 5
+ 3 9 2
```

(10)
```
  2 2 6
+ 3 9 2
```

(11)
```
  1 0 4
+ 6 0 9
```

(12)
```
  3 0 9
+ 2 7 3
```

(13)
```
  1 6 2
+ 1 7 6
```

(14)
```
  1 2 8
+ 3 0 2
```

(15)
```
  1 1 6
+ 5 2 7
```

(16)
```
  2 5 4
+ 1 0 8
```

(17)
```
  2 4 2
+ 1 5 1
```

(18)
```
  4 8 6
+ 2 9 3
```

(19)
```
  3 2 8
+ 6 5 3
```

(20)
```
  3 2 8
+ 6 5 5
```

2 Add.

3 points per question

(1)
```
  2 0 8
+ 1 5 5
```

(2)
```
  1 6 4
+ 3 2 6
```

(3)
```
  3 8 3
+ 4 3 2
```

(4)
```
  3 2 2
+ 1 2 9
```

(5)
```
  3 2 2
+ 1 9 2
```

(6)
```
  3 5 1
+ 4 6 3
```

(7)
```
  2 5 8
+ 3 9 1
```

(8)
```
  3 5 7
+ 1 8 0
```

(9)
```
  3 7 4
+ 1 1 8
```

(10)
```
  3 4 7
+ 1 8 1
```

(11)
```
  3 6 7
+ 1 2 2
```

(12)
```
  2 5 7
+ 1 2 7
```

(13)
```
  5 0 3
+ 2 4 8
```

(14)
```
  5 2 4
+ 3 7 5
```

(15)
```
  5 3 4
+ 3 7 5
```

(16)
```
  2 0 3
+ 5 9 2
```

(17)
```
  4 2 8
+ 4 5 3
```

(18)
```
  1 0 4
+ 3 8 6
```

(19)
```
  1 4 9
+ 5 3 8
```

(20)
```
  1 9 4
+ 5 8 3
```

Let's keep practicing our vertical addition!

8 3-Digit Addition

Date   /   /

Name

Level

Score   /100

1 Add.

2 points per question

(1)
```
   1 4 2
 +   6 3
```

(2)
```
   1 8 0
 +   6 6
```

(3)
```
   1 6 6
 +   2 6
```

(4)
```
   1 4 6
 +   3 8
```

(5)
```
   1 1 8
 +   6 8
```

(6)
```
   2 2 5
 +   6 7
```

(7)
```
   2 3 8
 +   4 2
```

(8)
```
   2 4 5
 +   2 7
```

(9)
```
   2 4 7
 +   3 9
```

(10)
```
   2 7 4
 +   9 2
```

(11)
```
   4 2 5
 +   3 6
```

(12)
```
   4 2 4
 +   5 9
```

(13)
```
   4 5 3
 +   6 4
```

(14)
```
   4 3 1
 +   5 9
```

(15)
```
   4 3 8
 +   1 6
```

(16)
```
   3 6 3
 +   5 4
```

(17)
```
   3 5 2
 +   8 7
```

(18)
```
   3 4 7
 +   8 1
```

(19)
```
   3 6 6
 +   8 2
```

(20)
```
   3 6 6
 +   2 8
```

2 Add.

(1)
```
  1 7 5
+   5 2
```

(2)
```
  1 4 2
+   6 4
```

(3)
```
  1 6 4
+   5 4
```

(4)
```
  1 2 8
+   5 4
```

(5)
```
  1 6 7
+   2 4
```

(6)
```
  3 2 9
+   5 2
```

(7)
```
  3 2 1
+   5 9
```

(8)
```
  3 5 3
+   7 2
```

(9)
```
  3 4 2
+   7 3
```

(10)
```
  3 2 4
+   3 7
```

(11)
```
  4 4 8
+   1 4
```

(12)
```
  4 2 3
+   4 7
```

(13)
```
  5 2 6
+   5 7
```

(14)
```
  5 3 7
+   5 4
```

(15)
```
  5 7 3
+   4 5
```

(16)
```
  4 7 3
+   1 8
```

(17)
```
  3 0 8
+   7 2
```

(18)
```
  4 8 3
+   7 1
```

(19)
```
  6 6 7
+   7 2
```

(20)
```
  7 7 8
+   1 9
```

Nice work! Now let's check your score.

9 3-Digit Addition

Level ★★

Date   /   /

Name

Score   /100

1 Add.

2 points per question

(1)
```
  2 5 8
+   2 4
```

(2)
```
  2 5 8
+   3 4
```

(3)
```
  2 5 8
+   4 4
3 □ □
```

(4)
```
  2 5 8
+   5 4
```

(5)
```
  2 5 8
+   8 4
```

(6)
```
  2 5 3
+   7 4
```

(7)
```
  2 8 1
+   2 7
```

(8)
```
  2 9 4
+   1 0
```

(9)
```
  2 9 4
+   1 8
```

(10)
```
  2 7 4
+   5 8
```

(11)
```
  3 3 5
+   1 7
```

(12)
```
  3 3 5
+   8 7
```

(13)
```
  2 4 7
+   3 7
```

(14)
```
  2 4 7
+   6 7
```

(15)
```
  2 4 7
+   7 7
```

(16)
```
  3 6 6
+   2 7
```

(17)
```
  3 6 6
+   3 7
```

(18)
```
  3 6 6
+   4 7
```

(19)
```
  3 6 6
+   5 7
```

(20)
```
  3 6 6
+   6 7
```

3 points per question

(1)
```
   3 5 9
+    3 2
```

(2)
```
   3 5 9
+    6 2
```

(3)
```
   3 4 9
+    4 1
```

(4)
```
   3 4 9
+    8 1
```

(5)
```
   3 4 9
+    8 5
```

(6)
```
   2 1 5
+    7 6
```

(7)
```
   2 4 5
+    7 6
```

(8)
```
   4 3 4
+    3 8
```

(9)
```
   4 3 4
+    7 8
```

(10)
```
   4 3 4
+    9 8
```

(11)
```
   3 4 4
+    8 0
```

(12)
```
   3 4 4
+    8 9
```

(13)
```
   3 1 7
+    5 7
```

(14)
```
   3 6 7
+    5 7
```

(15)
```
   3 8 7
+    5 7
```

(16)
```
   6 1 6
+    2 8
```

(17)
```
   6 9 4
+    2 8
```

(18)
```
   4 7 9
+    1 2
```

(19)
```
   4 7 9
+    2 2
```

(20)
```
   4 7 9
+    3 2
```

Are you getting the hang of it?
Let's keep going!

1 **Add.**

2 points per question

(1) 163
   + 75

(2) 260
   + 79

(3) 466
   + 79

(4) 467
   + 55

(5) 284
   + 78

(6) 245
   + 25

(7) 316
   + 84

(8) 586
   + 37

(9) 452
   + 79

(10) 444
   + 89

(11) 145
   + 55

(12) 124
   + 98

(13) 286
   + 23

(14) 257
   + 43

(15) 259
   + 84

(16) 519
   + 73

(17) 249
   + 89

(18) 456
   + 76

(19) 359
   + 65

(20) 354
   + 78

2 Add.

(1)
```
  246
+  39
```

(2)
```
  229
+  66
```

(3)
```
  229
+  86
```

(4)
```
  313
+  89
```

(5)
```
  263
+  88
```

(6)
```
  248
+  45
```

(7)
```
  228
+  62
```

(8)
```
  228
+  94
```

(9)
```
  258
+  75
```

(10)
```
  258
+  64
```

(11)
```
  287
+  76
```

(12)
```
  276
+  48
```

(13)
```
  229
+  83
```

(14)
```
  331
+  89
```

(15)
```
  433
+  88
```

(16)
```
  293
+  48
```

(17)
```
  498
+  36
```

(18)
```
  398
+  57
```

(19)
```
  284
+  76
```

(20)
```
  483
+  96
```

This isn't so bad, right?
Good job!

21

3-Digit Addition

Date / /

Name

Score /100

1 Add.

2 points per question

(1)
```
   1 4 7
 + 2 3 5
```

(2)
```
   1 4 7
 + 2 4 5
```

(3)
```
   1 4 7
 + 2 7 5
```

(4)
```
   1 4 7
 + 2 6 5
```

(5)
```
   1 4 7
 + 2 5 5
```

(6)
```
   4 1 8
 + 1 6 4
```

(7)
```
   4 1 8
 + 1 9 4
```

(8)
```
   6 3 5
 + 1 6 5
```

(9)
```
   1 4 2
 + 2 7 8
```

(10)
```
   3 2 4
 + 2 9 9
```

(11)
```
   3 4 4
 + 1 3 9
```

(12)
```
   3 4 4
 + 1 4 9
```

(13)
```
   3 4 4
 + 1 7 9
```

(14)
```
   2 6 4
 + 1 7 8
```

(15)
```
   2 6 4
 + 1 3 8
```

(16)
```
   3 8 8
 + 4 1 6
```

(17)
```
   4 4 6
 + 3 8 7
```

(18)
```
   2 0 4
 + 3 9 8
```

(19)
```
   3 9 9
 + 1 7 5
```

(20)
```
   4 6 4
 + 1 8 9
```

2 Add.

(1) 266
　　+325

(2) 266
　　+336

(3) 266
　　+347

(4) 274
　　+456

(5) 274
　　+426

(6) 392
　　+494

(7) 397
　　+494

(8) 387
　　+496

(9) 287
　　+488

(10) 545
　　 +289

(11) 348
　　 +337

(12) 348
　　 +386

(13) 465
　　 +362

(14) 465
　　 +348

(15) 583
　　 +167

(16) 271
　　 +483

(17) 516
　　 +349

(18) 399
　　 +402

(19) 158
　　 +787

(20) 437
　　 +384

OK! Now let's mix it up!

12

3-Digit Addition

Level ★★

Date   /   /

Name

Score

        /100

1 **Add.**

2 points per question

(1)
```
   2 3 5
 + 1 4 9
```

(2)
```
   2 3 5
 + 1 8 0
```

(3)
```
   3 2 8
 + 4 3 7
```

(4)
```
   3 4 5
 + 5 8 7
```

(5)
```
   1 1 5
 + 3 2 9
```

(6)
```
   1 8 5
 + 3 3 9
```

(7)
```
   2 5 4
 + 1 9 6
```

(8)
```
   2 5 3
 + 1 8 9
```

(9)
```
   3 7 6
 + 1 3 1
```

(10)
```
   3 7 6
 + 1 3 8
```

(11)
```
   2 9 8
 + 3 1 5
```

(12)
```
   2 4 8
 + 6 7 5
```

(13)
```
   1 9 9
 +     1
```

(14)
```
   4 9 9
 +     2
```

(15)
```
   1 4 8
 + 5 8 4
```

(16)
```
   4 3 2
 + 2 9 9
```

(17) $100 + 200 =$

(18) $100 + 150 =$

(19) $760 + 134 =$

(20) $152 + 326 =$

Add.

(1)　　5 5 3
　　 + 3 0 2

(2)　　4 9 0
　　 + 3 6 6

(3)　　2 6 6
　　 + 1 2 6

(4)　　2 7 8
　　 + 3 6 8

(5)　　1 4 5
　　 + 3 6 7

(6)　　2 5 9
　　 + 4 6 7

(7)　　5 4 2
　　 + 3 7 8

(8)　　1 8 7
　　 + 2 2 9

(9)　　3 2 6
　　 + 4 8 0

(10)　　1 2 4
　　 + 3 5 9

(11)　　2 4 1
　　 + 1 5 9

(12)　　3 8 3
　　 + 4 6 8

(13)　　1 7 6
　　 + 5 8 4

(14)　　4 8 7
　　 + 3 5 4

(15)　　2 4 7
　　 + 4 5 3

(16)　　1 3 6
　　 + 7 8 5

(17)　　150 + 100 =

(18)　　200 + 150 =

(19)　　321 + 457 =

(20)　　426 + 234 =

You can always re-write the horizontal problems vertically if that helps!

13 3-Digit Addition

Date / /

Name

Level
★★

Score
/100

1 Add.

2 points per question

(1)
```
  2 7 4
+ 3 5 2
```

(2)
```
  4 4 1
+ 2 6 4
```

(3)
```
  3 2 8
+ 4 5 4
```

(4)
```
  1 7 8
+ 6 4 4
```

(5)
```
    6 3
+ 1 7 4
```

(6)
```
    4 8
+ 1 2 4
```

(7)
```
    6 1
+ 4 4 9
```

(8)
```
    8 7
+ 5 7 4
```

(9)
```
  4 5 9
+ 1 0 2
```

(10)
```
  3 4 9
+ 4 7 4
```

(11)
```
  1 4 1
+ 2 5 9
```

(12)
```
  5 3 7
+ 3 7 3
```

(13)
```
  1 9 3
+ 5 0 8
```

(14)
```
  3 0 8
+ 1 9 2
```

(15)
```
  1 6 8
+ 1 7 5
```

(16)
```
  1 9 7
+ 3 0 6
```

(17) $100 + 198 =$

(18) $250 + 100 =$

(19) $139 + 252 =$

(20) $165 + 518 =$

2 Add.

(1)
```
   5 4 9
 + 3 1 2
```

(2)
```
   2 0 8
 + 4 4 4
```

(3)
```
   1 0 9
 + 4 1 1
```

(4)
```
   5 6 7
 + 2 3 4
```

(5)
```
     5 3
 + 2 7 4
```

(6)
```
     8 7
 + 2 2 6
```

(7)
```
   1 9 4
 + 5 1 0
```

(8)
```
   3 0 9
 + 2 9 4
```

(9)
```
   1 8 4
 + 7 3 0
```

(10)
```
   3 6 5
 + 4 9 5
```

(11)
```
   5 9 8
 + 2 7 8
```

(12)
```
   3 9 7
 + 5 2 7
```

(13)
```
   2 6 6
 + 5 8 2
```

(14)
```
   2 4 3
 + 3 7 7
```

(15)
```
     9 8
 + 1 0 2
```

(16)
```
     6 7
 + 2 8 3
```

(17) $127 + 534 =$

(18) $256 + 336 =$

(19) $164 + 107 =$

(20) $257 + 138 =$

If you made a mistake, just try the problem again. You can do it!

3-Digit Addition

Date / /

Name

Level ★★

Score /100

1 Add.

2 points per question

(1)
```
  1 2 8
+   8 3
```

(2)
```
  2 1 4
+   8 9
```

(3)
```
  3 6 6
+   7 9
```

(4)
```
  4 6 7
+   5 5
```

(5)
```
  2 4 5
+ 5 2 5
```

(6)
```
  2 1 6
+ 3 8 4
```

(7)
```
  5 4 6
+ 4 3 7
```

(8)
```
  1 5 2
+ 8 2 9
```

(9)
```
  2 4 5
+ 2 5 5
```

(10)
```
  3 2 4
+ 2 9 8
```

(11)
```
  1 8 8
+ 5 2 3
```

(12)
```
  4 5 7
+ 2 4 3
```

(13)
```
  8 1 2
+ 3 7 3
```
☐ ☐ ☐ ☐

(14)
```
  4 3 6
+ 7 2 8
```

(15)
```
  8 4 9
+ 4 2 9
```

(16)
```
  3 5 9
+ 8 2 5
```

(17) $166 + 26 =$

(18) $45 + 329 =$

(19) $425 + 316 =$

(20) $209 + 687 =$

2 Add.

3 points per question

(1)
```
  2 4 1
+ 1 2 9
```

(2)
```
  3 2 9
+ 5 5 6
```

(3)
```
  2 8 7
+ 3 6 7
```

(4)
```
  3 5 3
+ 2 9 8
```

(5)
```
  5 8 8
+ 5 4 6
```

(6)
```
  1 2 8
+ 9 7 2
```

(7)
```
  2 3 9
+ 4 6 7
```

(8)
```
  1 6 7
+ 8 3 5
```

(9)
```
  3 8 7
+ 5 7 6
```

(10)
```
  3 7 6
+ 8 4 8
```

(11)
```
  8 2 9
+ 2 9 3
```

(12)
```
  9 2 4
+ 3 9 9
```

(13)
```
  3 4 6
+ 5 7 7
```

(14)
```
  3 6 7
+ 7 8 4
```

(15)
```
  4 5 8
+ 7 6 5
```

(16)
```
  5 3 4
+ 5 9 6
```

(17) $260 + 437 =$

(18) $340 + 569 =$

(19) $258 + 171 =$

(20) $427 + 383 =$

That's good. Let's practice some more!

3-Digit Addition

Date / /

Name

Score /100

---

1 Add.

2 points per question

(1)
```
  1 5 7
+ 2 8 8
```

(2)
```
  1 2 7
+ 4 9 3
```

(3)
```
  2 4 4
+ 8 8 7
```

(4)
```
  3 2 9
+ 7 9 9
```

(5)
```
  4 7 8
+ 8 6 4
```

(6)
```
  2 9 3
+ 8 8 8
```

(7)
```
  6 7 5
+ 8 7 5
```

(8)
```
  8 6 2
+ 4 9 8
```

(9)
```
  7 4 4
+ 4 8 9
```

(10)
```
  7 6 7
+ 3 6 6
```

(11)
```
  7 9 8
+ 5 3 3
```

(12)
```
  7 7 4
+ 6 5 6
```

(13)
```
  8 4 7
+ 3 5 7
```

(14)
```
  8 5 4
+ 4 6 9
```

(15)
```
  5 3 3
+ 8 7 7
```

(16)
```
  6 7 4
+ 8 5 8
```

(17) $454 + 106 =$

(18) $563 + 207 =$

(19) $264 + 209 =$

(20) $356 + 308 =$

② Add.

(1)
$$475 + 364$$

(2)
$$293 + 484$$

(3)
$$670 + 175$$

(4)
$$158 + 493$$

(5)
$$123 + 877$$

(6)
$$300 + 800$$

(7)
$$270 + 840$$

(8)
$$954 + 248$$

(9)
$$318 + 836$$

(10)
$$456 + 837$$

(11)
$$214 + 868$$

(12)
$$395 + 875$$

(13)
$$345 + 778$$

(14)
$$469 + 735$$

(15)
$$557 + 783$$

(16)
$$857 + 574$$

(17) $264 + 227 =$

(18) $280 + 840 =$

(19) $462 + 357 =$

(20) $548 + 366 =$

Have you mastered your 3-digit addition?

1 Add.

2 points per question

(1)
```
  2 4 7
+ 3 6 8
```

(2)
```
  3 5 9
+ 4 7 4
```

(3)
```
  4 6 3
+ 5 5 7
```

(4)
```
  5 7 5
+ 6 4 8
```

(5)
```
  6 5 2
+ 7 8 9
```

(6)
```
  2 9 7
+ 4 5 7
```

(7)
```
  3 4 6
+ 5 8 9
```

(8)
```
  4 3 2
+ 6 6 8
```

(9)
```
  5 4 8
+ 7 9 6
```

(10)
```
  6 8 8
+ 8 5 6
```

(11)
```
  2 7 5
+ 5 2 5
```

(12)
```
  3 8 7
+ 6 9 2
```

(13)
```
  4 5 4
+ 7 7 7
```

(14)
```
  5 8 3
+ 8 4 9
```

(15)
```
  6 7 8
+ 9 3 4
```

(16)
```
  7 4 6
+ 9 8 8
```

(17) $236 + 285 =$

(18) $352 + 268 =$

(19) $377 + 435 =$

(20) $466 + 478 =$

② Add.

(1)
```
   3 5 4
 + 2 7 8
```

(2)
```
   4 6 5
 + 3 7 6
```

(3)
```
   5 4 8
 + 4 7 9
```

(4)
```
   6 5 1
 + 5 4 9
```

(5)
```
   7 0 3
 + 6 9 7
```

(6)
```
   4 8 8
 + 2 6 4
```

(7)
```
   5 3 8
 + 3 9 7
```

(8)
```
   6 4 2
 + 4 8 8
```

(9)
```
   7 4 6
 + 5 9 5
```

(10)
```
   8 7 4
 + 6 3 9
```

(11)
```
   5 5 5
 + 2 9 6
```

(12)
```
   6 7 8
 + 3 8 4
```

(13)
```
   7 6 8
 + 4 8 5
```

(14)
```
   8 4 4
 + 5 5 7
```

(15)
```
   9 2 5
 + 6 9 5
```

(16)
```
   9 8 4
 + 8 7 8
```

(17) $428 + 367 =$

(18) $457 + 461 =$

(19) $534 + 429 =$

(20) $387 + 556 =$

Well done! Now let's move on to 4-digit addition!

1 Add.

4 points per question

(1)
```
  1000
+  600
```

(5)
```
  1376
+  512
```

(9)
```
  2425
+  316
```

(13)
```
  2253
+  142
```

(2)
```
  1070
+  800
```

(6)
```
  1256
+  324
```

(10)
```
  2428
+  244
```

(14)
```
  2351
+  253
```

(3)
```
  1200
+  430
```

(7)
```
  1136
+  458
```

(11)
```
  3513
+  268
```

(15)
```
  1480
+  266
```

(4)
```
  1270
+  425
```

(8)
```
  1523
+  249
```

(12)
```
  4237
+  154
```

(16)
```
  3274
+  392
```

2 Add.

(1)
```
  2000
+ 1000
```

(2)
```
  3000
+ 2000
```

(3)
```
  1300
+ 1100
```

(4)
```
  2100
+ 1200
```

(5)
```
  3250
+ 2200
```

(6)
```
  3540
+ 1430
```

(7)
```
  3260
+ 2323
```

(8)
```
  4530
+ 2407
```

(9)
```
  2416
+ 1270
```

(10)
```
  2726
+ 1248
```

(11)
```
  4529
+ 1334
```

(12)
```
  3648
+ 2105
```

(13)
```
  3415
+ 1260
```

(14)
```
  3615
+ 1267
```

(15)
```
  2475
+ 1260
```

(16)
```
  1293
+ 2385
```

(17)
```
  3208
+ 1455
```

(18)
```
  2383
+ 1432
```

Don't forget to check your answers when you're done.

 **18** **4-Digit Addition**

Date / /　　Name

Level

Score

/100

1 Add.

4 points per question

(1)
```
  2253
+  439
```

(5)
```
  1366
+  447
```

(9)
```
  2454
+  760
```

(13)
```
  6163
+  287
```

(2)
```
  2281
+  327
```

(6)
```
  1366
+  457
```

(10)
```
  4374
+  781
```

(14)
```
  6940
+  287
```

(3)
```
  1258
+  384
```

(7)
```
  3595
+  320
```

(11)
```
  3675
+  573
```

(15)
```
  4798
+  231
```

(4)
```
  1366
+  437
```

(8)
```
  3495
+  812
```

(12)
```
  4275
+  586
```

(16)
```
  3482
+  625
```

② Add.

(1)
```
   1437
 +3245
```

(2)
```
   1437
 +3285
```

(3)
```
   2418
 +1264
```

(4)
```
   2418
 +1294
```

(5)
```
   3635
 +1265
```

(6)
```
   4124
 +2399
```

(7)
```
   2647
 +1730
```

(8)
```
   3445
 +1792
```

(9)
```
   4460
 +3874
```

(10)
```
   6351
 +1654
```

(11)
```
   1422
 +2786
```

(12)
```
   2043
 +3983
```

(13)
```
   3285
 +4372
```

(14)
```
   3456
 +2837
```

(15)
```
   1158
 +3294
```

(16)
```
   2547
 +1935
```

(17)
```
   2468
 +6703
```

(18)
```
   1429
 +5837
```

How is your 4-digit addition going?
Are you ready for bigger numbers?

37

4-Digit Addition

Date   /   /

Name

Level

Score
/100

1 Add.

4 points per question

(1)
```
  1 2 8 0
+   8 3 0
```

(5)
```
  2 8 4 7
+   5 6 3
```

(9)
```
  1 5 2 0
+ 4 2 9 6
```

(13)
```
  1 8 7 0
+ 2 3 9 4
```

(2)
```
  2 1 4 5
+   8 9 2
```

(6)
```
  4 6 7 5
+   5 5 9
```

(10)
```
  3 2 4 7
+ 2 9 8 1
```

(14)
```
  3 2 6 7
+ 4 9 5 4
```

(3)
```
  3 6 6 4
+   7 9 4
```

(7)
```
  2 4 5 7
+ 5 2 5 0
```

(11)
```
  4 9 0 5
+ 3 6 6 8
```

(15)
```
  1 2 4 5
+ 3 7 9 7
```

(4)
```
  3 5 6 4
+   7 9 8
```

(8)
```
  2 1 6 3
+ 3 8 4 5
```

(12)
```
  2 6 3 6
+ 1 4 3 9
```

(16)
```
  2 4 1 6
+ 1 5 9 8
```

2 Add.

(1)
```
  2 4 1 6
+ 1 2 9 3
```

(2)
```
  3 2 4 5
+ 5 5 2 6
```

(3)
```
  2 3 5 3
+ 1 2 9 8
```

(4)
```
  2 5 8 8
+ 1 5 4 6
```

(5)
```
  3 1 6 7
+ 1 8 3 5
```

(6)
```
  8 1 2 0
+ 3 7 3 5
```
☐ ☐ ☐ ☐ ☐

(7)
```
  4 3 6 2
+ 7 2 8 0
```

(8)
```
  8 4 9 5
+ 4 2 9 3
```

(9)
```
  5 4 9 4
+ 7 2 5 2
```

(10)
```
  4 5 8 7
+ 7 2 0 4
```

(11)
```
  6 1 4 3
+ 5 3 9 7
```

(12)
```
  7 7 3 6
+ 4 5 2 0
```

(13)
```
  3 9 5 0
+ 8 7 5 4
```

(14)
```
  3 4 5 6
+ 7 7 8 1
```

(15)
```
  4 5 6 3
+ 8 3 7 5
```

(16)
```
  6 3 8 7
+ 5 4 1 6
```

(17)
```
  4 5 9 2
+ 7 6 0 7
```

(18)
```
  9 5 7 2
+ 5 8 3 4
```

OK! It's time to review!

Level ★★★

1 Add.

2 points per question

(1)
```
   1 1 7
 +   2 9
```

(2)
```
   1 4 6
 +   3 4
```

(3)
```
   2 3 5
 + 1 4 2
```

(4)
```
   3 2 0
 + 1 7 0
```

(5)
```
   4 0 7
 + 1 6 6
```

(6)
```
   6 5 1
 + 2 4 0
```

(7)
```
   4 8 3
 + 3 7 2
```

(8)
```
   2 9 4
 + 1 8 5
```

(9)
```
   3 5 7
 + 2 3 3
```

(10)
```
   4 2 8
 +   5 3
```

(11)
```
   5 3 6
 + 2 2 0
```

(12)
```
   1 0 4
 + 7 0 9
```

(13)
```
   2 9 3
 + 4 8 6
```

(14)
```
   3 2 6
 + 2 9 2
```

(15)
```
   3 2 5
 +   6 7
```

(16)
```
   1 9 4
 + 5 8 3
```

(17) $243 + 39 =$

(18) $162 + 175 =$

(19) $368 + 127 =$

(20) $482 + 209 =$

2 Add.

3 points per question

(1)
```
  1 6 0
+   7 3
```

(5)
```
  4 3 3
+   7 8
```

(9)
```
  3 1 6
+ 4 8 4
```

(13)
```
  4 6 3
+ 7 1 9
```

(2)
```
  2 4 5
+   8 7
```

(6)
```
  2 9 6
+ 3 1 5
```

(10)
```
  4 6 7
+   7 3
```

(14)
```
  1 4 6
+ 5 8 7
```

(3)
```
  1 4 9
+ 2 9 2
```

(7)
```
  4 9 9
+     4
```

(11)
```
  5 0 8
+ 1 9 6
```

(15)
```
  2 7 4
+ 8 5 3
```

(4)
```
  3 8 4
+ 5 6 3
```

(8)
```
  2 4 5
+ 1 5 5
```

(12)
```
  8 2 5
+ 3 4 1
```

(16)
```
  6 8 9
+ 2 1 5
```

3 Add.

3 points per question

(1)
```
  4 1 5 3
+     3 7 2
```

(2)
```
  2 1 9 8
+ 1 1 0 6
```

(3)
```
  3 4 6 7
+ 4 5 8 3
```

(4)
```
  8 2 0 6
+ 2 3 5 4
```

You've made a lot of progress.
Keep up the good work!

21

2-Digit Subtraction Review

Level ★

Date / /

Name

Score

/100

1 **Subtract.**

2 points per question

(1) 18
    − 5

(2) 26
    − 4

(3) 39
    − 8

(4) 57
    − 5

(5) 60
    − 9

(6) 38
    −14

(7) 46
    −24

(8) 79
    −26

(9) 32
    −14

(10) 50
     −19

(11) 73
     −21

(12) 61
     −45

(13) 42
     −18

(14) 54
     −24

(15) 35
     −19

(16) 84
     −35

(17) 75
     −48

(18) 92
     −36

(19) 82
     −74

(20) 63
     −59

② Subtract.

3 points per question

(1)
$$61 - 11$$

(2)
$$52 - 23$$

(3)
$$44 - 5$$

(4)
$$72 - 15$$

(5)
$$36 - 19$$

(6)
$$43 - 7$$

(7)
$$74 - 36$$

(8)
$$73 - 65$$

(9)
$$63 - 58$$

(10)
$$45 - 28$$

(11)
$$54 - 33$$

(12)
$$35 - 26$$

(13)
$$49 - 40$$

(14)
$$82 - 77$$

(15)
$$68 - 50$$

(16)
$$65 - 17$$

(17)
$$44 - 29$$

(18)
$$50 - 28$$

(19)
$$70 - 64$$

(20)
$$85 - 78$$

Do you remember your 2-digit subtraction?

22

3-Digit Subtraction Review

Level ★

Score

/100

Date   /   /

Name

1 Subtract.

2 points per question

(1)
```
   1 0 0
 -   3 0
```

(2)
```
   1 2 0
 -   4 0
```

(3)
```
   1 4 0
 -   7 0
```

(4)
```
   1 2 6
 -   4 3
```

(5)
```
   1 3 5
 -   8 1
```

(6)
```
   1 1 7
 -   7 2
```

(7)
```
   1 4 9
 -   8 5
```

(8)
```
   1 2 8
 -   6 4
```

(9)
```
   1 6 3
 -   9 1
```

(10)
```
   1 2 4
 -   8 4
```

(11)
```
   1 2 5
 -   4 3
```

(12)
```
   1 1 6
 -   4 8
```

(13)
```
   1 4 3
 -   7 4
```

(14)
```
   1 3 5
 -   6 4
```

(15)
```
   1 3 1
 -   5 5
```

(16)
```
   1 4 4
 -   6 7
```

(17)
```
   1 3 5
 -   7 9
```

(18)
```
   1 2 1
 -   3 6
```

(19)
```
   1 3 1
 -   3 8
```

(20)
```
   1 7 2
 -   9 5
```

2 Subtract.

3 points per question

(1)
```
  1 2 7
-   4 2
```

(2)
```
  1 4 6
-   7 6
```

(3)
```
  1 1 5
-   6 9
```

(4)
```
  1 6 3
-   6 5
```

(5)
```
  1 4 0
-   9 0
```

(6)
```
  1 4 5
-   6 6
```

(7)
```
  1 2 3
-   3 8
```

(8)
```
  1 0 0
-     7
```

(9)
```
  1 0 0
-   2 5
```

(10)
```
  1 3 0
-   4 6
```

(11)
```
  1 3 2
-   5 7
```

(12)
```
  1 0 2
-     6
```

(13)
```
  1 0 3
-   5 6
```

(14)
```
  1 1 0
-   6 2
```

(15)
```
  1 5 3
-   5 8
```

(16)
```
  1 0 4
-   1 6
```

(17)
```
  1 4 7
-   9 3
```

(18)
```
  1 6 0
-   8 9
```

(19)
```
  1 0 5
-   7 8
```

(20)
```
  1 2 0
-   2 4
```

Practice makes perfect. Let's keep going!

3-Digit Subtraction Review

Date / /

Name

Score /100

1 Subtract.

2 points per question

(1)
```
   4 6
 - 1 8
```

(2)
```
   2 5
 -   9
```

(3)
```
   5 1
 - 3 2
```

(4)
```
   6 3
 - 4 5
```

(5)
```
   3 0
 - 1 7
```

(6)
```
   1 7
 -   8
```

(7)
```
   5 9
 - 4 6
```

(8)
```
   8 2
 - 7 4
```

(9)
```
   3 6
 - 2 9
```

(10)
```
   4 1
 -   6
```

(11)
```
   6 2
 - 1 9
```

(12)
```
   9 4
 - 5 8
```

(13)
```
   5 3
 - 3 3
```

(14)
```
   7 5
 - 4 6
```

(15)
```
   8 0
 -   4
```

(16)
```
   5 6
 - 2 7
```

(17)
```
   6 4
 - 3 6
```

(18)
```
   8 2
 - 7 9
```

(19)
```
   9 1
 - 6 5
```

(20)
```
   7 3
 - 6 8
```

② Subtract.

3 points per question

(1) 134
    − 61

(2) 140
    − 83

(3) 127
    − 54

(4) 100
    − 42

(5) 163
    − 85

(6) 110
    − 50

(7) 129
    − 39

(8) 104
    − 8

(9) 145
    − 77

(10) 172
    − 86

(11) 120
    − 25

(12) 101
    − 57

(13) 165
    − 69

(14) 112
    − 95

(15) 138
    − 74

(16) 164
    − 85

(17) 126
    − 29

(18) 103
    − 96

(19) 140
    − 48

(20) 152
    − 67

Let's try some bigger numbers!

1 Subtract.

2 points per question

(1)
```
  1 5 0
-   1 0
```
☐☐☐

(2)
```
  1 5 0
-   3 0
```

(3)
```
  1 5 0
-   5 0
```

(4)
```
  1 5 0
-   2 0
```

(5)
```
  1 5 0
-   4 0
```

(6)
```
  1 6 0
-   1 0
```

(7)
```
  1 6 0
-   3 0
```

(8)
```
  1 6 0
-   5 0
```

(9)
```
  1 6 0
-   2 0
```

(10)
```
  1 6 0
-   4 0
```

(11)
```
  1 7 0
-   1 0
```

(12)
```
  1 7 0
-   3 0
```

(13)
```
  1 7 0
-   5 0
```

(14)
```
  1 7 0
-   2 0
```

(15)
```
  1 7 0
-   4 0
```

(16)
```
  1 8 0
-   1 0
```

(17)
```
  1 8 0
-   3 0
```

(18)
```
  1 8 0
-   5 0
```

(19)
```
  1 8 0
-   2 0
```

(20)
```
  1 8 0
-   4 0
```

2 Subtract.

3 points per question

(1)
$$\begin{array}{r} 134 \\ -\ 12 \\ \hline \end{array}$$

(6)
$$\begin{array}{r} 174 \\ -\ 20 \\ \hline \end{array}$$

(11)
$$\begin{array}{r} 135 \\ -\ 15 \\ \hline \end{array}$$

(16)
$$\begin{array}{r} 155 \\ -\ 31 \\ \hline \end{array}$$

(2)
$$\begin{array}{r} 134 \\ -\ 24 \\ \hline \end{array}$$

(7)
$$\begin{array}{r} 174 \\ -\ 22 \\ \hline \end{array}$$

(12)
$$\begin{array}{r} 135 \\ -\ 23 \\ \hline \end{array}$$

(17)
$$\begin{array}{r} 155 \\ -\ 23 \\ \hline \end{array}$$

(3)
$$\begin{array}{r} 134 \\ -\ 21 \\ \hline \end{array}$$

(8)
$$\begin{array}{r} 174 \\ -\ 24 \\ \hline \end{array}$$

(13)
$$\begin{array}{r} 135 \\ -\ 14 \\ \hline \end{array}$$

(18)
$$\begin{array}{r} 155 \\ -\ 37 \\ \hline \end{array}$$

(4)
$$\begin{array}{r} 134 \\ -\ 10 \\ \hline \end{array}$$

(9)
$$\begin{array}{r} 174 \\ -\ 26 \\ \hline \end{array}$$

(14)
$$\begin{array}{r} 135 \\ -\ 16 \\ \hline \end{array}$$

(19)
$$\begin{array}{r} 155 \\ -\ 46 \\ \hline \end{array}$$

(5)
$$\begin{array}{r} 134 \\ -\ 30 \\ \hline \end{array}$$

(10)
$$\begin{array}{r} 174 \\ -\ 28 \\ \hline \end{array}$$

(15)
$$\begin{array}{r} 135 \\ -\ 18 \\ \hline \end{array}$$

(20)
$$\begin{array}{r} 155 \\ -\ 29 \\ \hline \end{array}$$

Great! Now let's check your score.

25 3-Digit Subtraction

Level ★★

Date / /

Name

Score /100

1 Subtract.

2 points per question

(1)
```
  143
-  31
```

(2)
```
  143
-  33
```

(3)
```
  143
-  34
```

(4)
```
  143
-  28
```

(5)
```
  143
-  26
```

(6)
```
  143
-  21
```

(7)
```
  143
-  23
```

(8)
```
  143
-  14
```

(9)
```
  143
-  25
```

(10)
```
  143
-  29
```

(11)
```
  154
-  22
```

(12)
```
  154
-  33
```

(13)
```
  154
-  34
```

(14)
```
  154
-  27
```

(15)
```
  154
-  39
```

(16)
```
  154
-  28
```

(17)
```
  154
-  16
```

(18)
```
  154
-  37
```

(19)
```
  154
-  45
```

(20)
```
  154
-  49
```

© Kumon Publishing Co., Ltd.

② Subtract.

3 points per question

(1)
```
  1 6 5
-   2 1
```

(2)
```
  1 6 5
-   4 2
```

(3)
```
  1 6 5
-   6 5
```

(4)
```
  1 6 5
-   5 8
```

(5)
```
  1 6 5
-   4 7
```

(6)
```
  1 6 6
-   5 6
```

(7)
```
  1 6 6
-   3 7
```

(8)
```
  1 6 6
-   4 8
```

(9)
```
  1 6 6
-   5 9
```

(10)
```
  1 6 6
-   3 8
```

(11)
```
  1 6 5
-   2 5
```

(12)
```
  1 6 5
-   2 7
```

(13)
```
  1 6 5
-   1 8
```

(14)
```
  1 6 5
-   4 6
```

(15)
```
  1 6 5
-   2 9
```

(16)
```
  1 6 1
-   3 4
```

(17)
```
  1 6 1
-   4 5
```

(18)
```
  1 6 1
-   5 6
```

(19)
```
  1 6 1
-   4 8
```

(20)
```
  1 6 1
-   5 7
```

Don't forget to show your parents how far you've come!

51

26

3-Digit Subtraction

Level

Date   /   /

Name

Score

/100

1 Subtract.

2 points per question

(1)
```
  1 3 1
-   1 7
```

(2)
```
  1 3 1
-   2 4
```

(3)
```
  1 3 1
-   2 8
```

(4)
```
  1 3 1
-   1 6
```

(5)
```
  1 3 1
-   1 9
```

(6)
```
  1 5 2
-   2 8
```

(7)
```
  1 5 2
-   2 6
```

(8)
```
  1 5 2
-   2 4
```

(9)
```
  1 5 2
-   2 9
```

(10)
```
  1 5 2
-   1 7
```

(11)
```
  1 4 2
-   2 8
```

(12)
```
  1 4 2
-   2 6
```

(13)
```
  1 4 2
-   2 4
```

(14)
```
  1 4 2
-   2 9
```

(15)
```
  1 4 2
-   2 3
```

(16)
```
  1 3 6
-   1 7
```

(17)
```
  1 3 6
-   2 9
```

(18)
```
  1 3 6
-   2 6
```

(19)
```
  1 3 6
-   2 8
```

(20)
```
  1 3 6
-   1 9
```

2 Subtract.

3 points per question

(1)
```
  1 3 0
-   1 0
```

(2)
```
  1 3 0
-   2 0
```

(3)
```
  1 3 0
-   3 0
```

(4)
```
  1 3 0
-   4 0
```

(5)
```
  1 3 0
-   5 0
```

(6)
```
  1 2 0
-   1 0
```

(7)
```
  1 2 0
-   2 0
```

(8)
```
  1 2 0
-   3 0
```

(9)
```
  1 2 0
-   4 0
```

(10)
```
  1 2 0
-   5 0
```

(11)
```
  1 4 0
-   1 5
```

(12)
```
  1 4 0
-   2 5
```

(13)
```
  1 4 0
-   3 5
```

(14)
```
  1 4 0
-   3 7
```

(15)
```
  1 4 0
-   2 9
```

(16)
```
  1 0 0
-   2 0
```

(17)
```
  1 0 0
-   6 0
```

(18)
```
  1 0 0
-   5 0
```

(19)
```
  1 0 0
-   7 0
```

(20)
```
  1 0 0
-   9 0
```

You're doing really well!

27 3-Digit Subtraction

Level ★★

Date / /

Name

Score /100

1 Subtract.

2 points per question

(1)
```
  1 2 8
-   4 2
```

(2)
```
  1 2 8
-   5 3
```

(3)
```
  1 2 8
-   4 7
```

(4)
```
  1 2 8
-   6 5
```

(5)
```
  1 2 8
-   8 1
```

(6)
```
  1 3 6
-   5 3
```

(7)
```
  1 3 6
-   4 4
```

(8)
```
  1 3 6
-   8 2
```

(9)
```
  1 3 6
-   7 4
```

(10)
```
  1 3 6
-   6 6
```

(11)
```
  1 6 7
-   7 4
```

(12)
```
  1 6 7
-   8 3
```

(13)
```
  1 6 7
-   9 5
```

(14)
```
  1 6 7
-   4 9
```

(15)
```
  1 6 7
-   5 8
```

(16)
```
  1 4 5
-   3 8
```

(17)
```
  1 4 5
-   5 2
```

(18)
```
  1 4 5
-   6 3
```

(19)
```
  1 4 5
-   2 6
```

(20)
```
  1 4 5
-   7 4
```

② Subtract.

3 points per question

(1)
```
  1 5 7
−   3 9
```

(6)
```
  2 5 7
−   3 9
```

(11)
```
  3 5 4
−   2 7
```

(16)
```
  4 4 2
−   1 6
```

(2)
```
  1 5 7
−   4 8
```

(7)
```
  2 5 7
−   4 8
```

(12)
```
  3 5 4
−   3 6
```

(17)
```
  4 4 2
−   3 8
```

(3)
```
  1 5 7
−   6 5
```

(8)
```
  2 5 7
−   6 5
```

(13)
```
  3 5 4
−   6 2
```

(18)
```
  4 4 2
−   5 1
```

(4)
```
  1 5 7
−   7 3
```

(9)
```
  2 5 7
−   7 3
```

(14)
```
  3 5 4
−   7 2
```

(19)
```
  4 4 2
−   6 1
```

(5)
```
  1 5 7
−   8 2
```

(10)
```
  2 5 7
−   8 2
```

(15)
```
  3 5 4
−   8 2
```

(20)
```
  4 4 2
−   7 1
```

Don't forget to check your answers when you're done!

55

1 Subtract.

2 points per question

(1)
```
  1 4 4
-   3 2
```

(2)
```
  1 4 4
-   3 7
```

(3)
```
  1 4 4
-   6 1
```

(4)
```
  1 4 4
-   2 9
```

(5)
```
  1 4 4
-   8 3
```

(6)
```
  2 4 4
-   5 3
```

(7)
```
  2 4 4
-   2 8
```

(8)
```
  2 4 4
-   7 2
```

(9)
```
  2 4 4
-   1 7
```

(10)
```
  2 4 4
-   9 0
```

(11)
```
  3 4 4
-   2 1
```

(12)
```
  3 4 4
-   6 2
```

(13)
```
  3 4 4
-   3 6
```

(14)
```
  3 4 4
-   5 3
```

(15)
```
  3 4 4
-   3 8
```

(16)
```
  4 4 4
-   3 4
```

(17)
```
  4 4 4
-   7 1
```

(18)
```
  4 4 4
-   8 3
```

(19)
```
  4 4 4
-   3 7
```

(20)
```
  4 4 4
-   2 9
```

2 Subtract.

(1) 153
    − 31

(2) 153
    − 27

(3) 153
    − 63

(4) 153
    − 80

(5) 153
    − 28

(6) 253
    − 18

(7) 253
    − 42

(8) 253
    − 82

(9) 253
    − 35

(10) 253
    − 60

(11) 356
    − 43

(12) 356
    − 29

(13) 356
    − 37

(14) 356
    − 72

(15) 356
    − 94

(16) 456
    − 38

(17) 456
    − 71

(18) 456
    − 18

(19) 456
    − 86

(20) 456
    − 49

If a problem looks tricky, just think about it a bit more!

1 Subtract.

2 points per question

(1)
```
  600
- 300
```

(2)
```
  700
- 300
```

(3)
```
  730
- 300
```

(4)
```
  750
- 320
```

(5)
```
  753
- 430
```

(6)
```
  357
- 123
```

(7)
```
  357
- 147
```

(8)
```
  357
- 150
```

(9)
```
  357
- 107
```

(10)
```
  357
- 157
```

(11)
```
  468
- 234
```

(12)
```
  468
- 345
```

(13)
```
  468
- 111
```

(14)
```
  468
- 222
```

(15)
```
  468
- 333
```

(16)
```
  468
- 300
```

(17)
```
  468
- 260
```

(18)
```
  468
- 308
```

(19)
```
  468
- 368
```

(20)
```
  478
- 460
```

2 Subtract.

(1)
```
  5 3 4
- 3 1 2
```

(2)
```
  5 3 4
- 2 2 4
```

(3)
```
  5 3 4
- 3 2 1
```

(4)
```
  5 3 4
- 5 0 0
```

(5)
```
  5 3 4
- 5 3 0
```

(6)
```
  4 7 3
- 2 3 0
```

(7)
```
  4 7 3
- 2 3 1
```

(8)
```
  4 7 3
- 2 3 3
```

(9)
```
  4 7 3
- 2 3 5
```

(10)
```
  4 7 3
- 2 3 7
```

(11)
```
  5 3 5
- 2 1 5
```

(12)
```
  5 3 5
- 3 1 2
```

(13)
```
  5 3 5
- 4 1 3
```

(14)
```
  5 3 5
- 3 1 6
```

(15)
```
  5 3 5
- 4 1 8
```

(16)
```
  6 4 5
- 2 3 4
```

(17)
```
  6 4 5
- 4 3 2
```

(18)
```
  6 4 5
- 2 3 8
```

(19)
```
  6 4 5
- 3 3 6
```

(20)
```
  6 4 5
- 2 2 9
```

Great! Now let's check your score.

30 3-Digit Subtraction

Level ★★

Score

/100

Date / /

Name

1 **Subtract.**

2 points per question

(1)
```
  6 6 5
- 1 3 5
```

(2)
```
  6 6 5
- 2 3 4
```

(3)
```
  6 6 5
- 3 6 4
```

(4)
```
  6 6 5
- 4 5 2
```

(5)
```
  6 6 5
- 3 4 7
```

(6)
```
  6 6 6
- 2 5 6
```

(7)
```
  6 6 6
- 4 4 7
```

(8)
```
  6 6 6
- 3 4 9
```

(9)
```
  6 6 6
- 5 5 8
```

(10)
```
  6 6 6
- 2 3 9
```

(11)
```
  6 6 5
- 2 3 6
```

(12)
```
  6 6 5
- 1 2 7
```

(13)
```
  6 6 5
- 3 1 8
```

(14)
```
  6 6 5
- 3 6 5
```

(15)
```
  6 6 5
- 4 2 9
```

(16)
```
  6 6 1
- 1 2 3
```

(17)
```
  6 6 1
- 2 3 4
```

(18)
```
  6 6 1
- 3 4 5
```

(19)
```
  6 6 1
- 4 5 6
```

(20)
```
  6 6 1
- 5 4 7
```

② Subtract.

(1)
```
  8 5 0
- 7 5 0
```

(2)
```
  8 5 7
- 2 4 3
```

(3)
```
  8 5 7
- 3 4 6
```

(4)
```
  8 5 7
- 4 5 5
```

(5)
```
  8 5 7
- 3 4 9
```

(6)
```
  8 5 2
- 3 3 4
```

(7)
```
  8 5 2
- 3 3 6
```

(8)
```
  8 5 2
- 3 3 8
```

(9)
```
  8 5 2
- 1 1 3
```

(10)
```
  8 5 2
- 4 4 8
```

(11)
```
  6 5 4
- 3 2 6
```

(12)
```
  6 5 4
- 4 1 9
```

(13)
```
  6 5 4
- 4 2 7
```

(14)
```
  6 5 4
- 2 1 5
```

(15)
```
  6 5 4
- 3 4 8
```

(16)
```
  6 4 5
- 2 7 0
```

(17)
```
  6 4 5
- 1 8 0
```

(18)
```
  6 4 5
- 1 6 3
```

(19)
```
  6 4 5
- 2 8 2
```

(20)
```
  6 4 5
- 3 8 5
```

Good job! Let's practice some more!

Level
★★

Date   /   /   Name

Score   /100

1 Subtract.

2 points per question

(1)
```
  2 4 2
- 1 2 0
```

(2)
```
  2 5 6
- 1 5 0
```

(3)
```
  2 8 3
- 2 5 3
```

(4)
```
  3 7 4
- 1 5 5
```

(5)
```
  4 8 0
- 1 5 5
```

(6)
```
  6 1 7
- 1 5 3
```

(7)
```
  6 1 7
- 2 6 3
```

(8)
```
  6 1 7
- 3 8 3
```

(9)
```
  6 1 7
- 4 5 6
```

(10)
```
  6 1 7
- 1 7 0
```

(11)
```
  8 3 5
- 1 5 0
```

(12)
```
  8 3 5
- 3 8 2
```

(13)
```
  8 3 5
- 2 6 4
```

(14)
```
  8 3 5
- 5 7 1
```

(15)
```
  8 3 5
- 6 9 5
```

(16)
```
  5 4 6
- 3 5 2
```

(17)
```
  5 4 6
- 1 9 4
```

(18)
```
  5 4 6
- 2 6 5
```

(19)
```
  5 4 6
- 1 8 3
```

(20)
```
  5 4 6
- 3 7 6
```

2 Subtract.

(1)
$$
\begin{array}{r}
555 \\
-342 \\
\hline
\end{array}
$$

(2)
$$
\begin{array}{r}
555 \\
-238 \\
\hline
\end{array}
$$

(3)
$$
\begin{array}{r}
555 \\
-264 \\
\hline
\end{array}
$$

(4)
$$
\begin{array}{r}
555 \\
-137 \\
\hline
\end{array}
$$

(5)
$$
\begin{array}{r}
555 \\
-382 \\
\hline
\end{array}
$$

(6)
$$
\begin{array}{r}
555 \\
-163 \\
\hline
\end{array}
$$

(7)
$$
\begin{array}{r}
555 \\
-139 \\
\hline
\end{array}
$$

(8)
$$
\begin{array}{r}
555 \\
-172 \\
\hline
\end{array}
$$

(9)
$$
\begin{array}{r}
555 \\
-207 \\
\hline
\end{array}
$$

(10)
$$
\begin{array}{r}
555 \\
-480 \\
\hline
\end{array}
$$

(11)
$$
\begin{array}{r}
555 \\
-337 \\
\hline
\end{array}
$$

(12)
$$
\begin{array}{r}
555 \\
-384 \\
\hline
\end{array}
$$

(13)
$$
\begin{array}{r}
555 \\
-446 \\
\hline
\end{array}
$$

(14)
$$
\begin{array}{r}
555 \\
-462 \\
\hline
\end{array}
$$

(15)
$$
\begin{array}{r}
555 \\
-349 \\
\hline
\end{array}
$$

(16)
$$
\begin{array}{r}
555 \\
-418 \\
\hline
\end{array}
$$

(17)
$$
\begin{array}{r}
555 \\
-481 \\
\hline
\end{array}
$$

(18)
$$
\begin{array}{r}
555 \\
-173 \\
\hline
\end{array}
$$

(19)
$$
\begin{array}{r}
555 \\
-247 \\
\hline
\end{array}
$$

(20)
$$
\begin{array}{r}
555 \\
-494 \\
\hline
\end{array}
$$

If you're not sure about your answer, it never hurts to try again!

1 **Subtract.**

2 points per question

(1) 146
   − 18

(2) 146
   − 28

(3) 146
   − 38

(4) 146
   − 58

(5) 146
   − 78

(6) 135
   − 18

(7) 135
   − 28

(8) 135
   − 48

(9) 135
   − 68

(10) 135
    − 38

(11) 124
    − 16

(12) 124
    − 35

(13) 124
    − 37

(14) 124
    − 67

(15) 124
    − 27

(16) 124
    − 18

(17) 124
    − 38

(18) 124
    − 68

(19) 124
    − 58

(20) 124
    − 25

2 Subtract.

3 points per question

(1) 135 − 17

(2) 135 − 27

(3) 135 − 47

(4) 135 − 67

(5) 135 − 37

(6) 123 − 43

(7) 123 − 46

(8) 123 − 48

(9) 123 − 44

(10) 123 − 28

(11) 123 − 14

(12) 123 − 34

(13) 123 − 54

(14) 123 − 74

(15) 123 − 24

(16) 163 − 38

(17) 163 − 58

(18) 163 − 78

(19) 163 − 98

(20) 163 − 68

Don't forget to check your answers when you're done.

© Kumon Publishing Co., Ltd.   65

33 3-Digit Subtraction

Date / / Name

Level ★★

Score /100

1 Subtract.

2 points per question

(1)
```
  157
-  34
```

(2)
```
  157
-  44
```

(3)
```
  157
-  64
```

(4)
```
  157
-  68
```

(5)
```
  157
-  79
```

(6)
```
  257
-  34
```

(7)
```
  257
-  49
```

(8)
```
  257
-  69
```

(9)
```
  257
-  79
```

(10)
```
  257
-  59
```

(11)
```
  354
-  18
```

(12)
```
  354
-  28
```

(13)
```
  354
-  48
```

(14)
```
  354
-  68
```

(15)
```
  354
-  58
```

(16)
```
  443
-  18
```

(17)
```
  443
-  38
```

(18)
```
  443
-  58
```

(19)
```
  443
-  78
```

(20)
```
  443
-  48
```

2 Subtract.

(1)
```
   1 5 7
 −   4 5
```

(2)
```
   1 7 8
 −   4 9
```

(3)
```
   1 5 7
 −   5 6
```

(4)
```
   1 3 5
 −   4 5
```

(5)
```
   1 3 6
 −   3 8
```

(6)
```
   2 3 4
 −   7 0
```

(7)
```
   2 3 4
 −   7 5
```

(8)
```
   2 3 4
 −   6 5
```

(9)
```
   2 3 4
 −   6 8
```

(10)
```
   2 3 4
 −   3 7
```

(11)
```
   7 6 1
 − 2 3 5
```

(12)
```
   7 6 1
 − 2 5 5
```

(13)
```
   7 6 1
 − 2 4 5
```

(14)
```
   6 5 2
 − 2 7 1
```

(15)
```
   6 5 2
 − 2 8 0
```

(16)
```
   3 2 4
 − 1 6 2
```

(17)
```
   3 2 4
 − 1 5 3
```

(18)
```
   3 2 4
 − 1 5 5
```

(19)
```
   3 2 4
 − 1 5 7
```

(20)
```
   3 2 4
 − 1 5 9
```

Remember – just take it step by step!
You're doing great!

1 **Subtract.**

2 points per question

(1) 756 − 228

(2) 756 − 283

(3) 756 − 287

(4) 782 − 256

(5) 714 − 256

(6) 674 − 259

(7) 674 − 292

(8) 674 − 289

(9) 453 − 218

(10) 453 − 278

(11) 843 − 127

(12) 843 − 162

(13) 843 − 167

(14) 843 − 417

(15) 843 − 687

(16) 843 − 236

(17) 843 − 272

(18) 843 − 277

(19) 843 − 484

(20) 843 − 489

② Subtract.

(1)
$$\begin{array}{r} 842 \\ -217 \\ \hline \end{array}$$

(2)
$$\begin{array}{r} 842 \\ -272 \\ \hline \end{array}$$

(3)
$$\begin{array}{r} 842 \\ -277 \\ \hline \end{array}$$

(4)
$$\begin{array}{r} 842 \\ -380 \\ \hline \end{array}$$

(5)
$$\begin{array}{r} 842 \\ -386 \\ \hline \end{array}$$

(6)
$$\begin{array}{r} 953 \\ -237 \\ \hline \end{array}$$

(7)
$$\begin{array}{r} 953 \\ -272 \\ \hline \end{array}$$

(8)
$$\begin{array}{r} 953 \\ -277 \\ \hline \end{array}$$

(9)
$$\begin{array}{r} 953 \\ -390 \\ \hline \end{array}$$

(10)
$$\begin{array}{r} 953 \\ -397 \\ \hline \end{array}$$

(11)
$$\begin{array}{r} 730 \\ -314 \\ \hline \end{array}$$

(12)
$$\begin{array}{r} 730 \\ -370 \\ \hline \end{array}$$

(13)
$$\begin{array}{r} 730 \\ -376 \\ \hline \end{array}$$

(14)
$$\begin{array}{r} 730 \\ -408 \\ \hline \end{array}$$

(15)
$$\begin{array}{r} 730 \\ -488 \\ \hline \end{array}$$

(16)
$$\begin{array}{r} 713 \\ -320 \\ \hline \end{array}$$

(17)
$$\begin{array}{r} 713 \\ -307 \\ \hline \end{array}$$

(18)
$$\begin{array}{r} 713 \\ -328 \\ \hline \end{array}$$

(19)
$$\begin{array}{r} 713 \\ -427 \\ \hline \end{array}$$

(20)
$$\begin{array}{r} 713 \\ -418 \\ \hline \end{array}$$

Remember, practice makes perfect!

35

3-Digit Subtraction

Level
★★

Date / /

Name

Score
/100

1 **Subtract.**

2 points per question

(1)
```
   1 0 0
 -     3
```
☐ ☐

(2)
```
   1 0 0
 -     5
```

(3)
```
   2 0 0
 -     7
```
☐ ☐ ☐

(4)
```
   2 0 0
 -     9
```

(5)
```
   3 0 0
 -     4
```

(6)
```
   1 0 0
 -   1 3
```

(7)
```
   1 0 0
 -   2 5
```

(8)
```
   2 0 0
 -   5 7
```

(9)
```
   2 0 0
 -   7 9
```

(10)
```
   3 0 0
 -   2 4
```

(11)
```
   1 1 0
 -     2
```

(12)
```
   1 1 0
 -     4
```

(13)
```
   2 1 0
 -     6
```

(14)
```
   2 1 0
 -     8
```

(15)
```
   3 1 0
 -     7
```

(16)
```
   1 1 0
 -   1 2
```

(17)
```
   1 1 0
 -   2 4
```

(18)
```
   2 1 0
 -   3 6
```

(19)
```
   2 1 0
 -   4 8
```

(20)
```
   3 1 0
 -   8 7
```

② Subtract.

(1) 400
    −   3

(2) 400
    −   6

(3) 400
    − 17

(4) 400
    − 28

(5) 400
    − 94

(6) 410
    − 22

(7) 410
    − 44

(8) 410
    − 99

(9) 410
    − 73

(10) 410
     − 39

(11) 500
     −   4

(12) 500
     − 18

(13) 500
     − 97

(14) 600
     − 81

(15) 700
     − 94

(16) 510
     −   3

(17) 510
     − 26

(18) 510
     − 75

(19) 610
     − 84

(20) 710
     − 68

Great! Now let's check your score!

36 3-Digit Subtraction

Level ★★

Date / /

Name

Score /100

1 Subtract.

2 points per question

(1)
```
  1 0 0
-     4
```

(6)
```
  1 0 1
-     4
```

(11)
```
  1 0 3
-     7
```

(16)
```
  1 0 3
-   1 7
```

(2)
```
  1 0 0
-   1 3
```

(7)
```
  1 0 1
-   1 3
```

(12)
```
  2 0 3
-     8
```

(17)
```
  2 0 3
-   2 8
```

(3)
```
  2 0 0
-   2 6
```

(8)
```
  2 0 1
-   2 6
```

(13)
```
  2 0 3
-     6
```

(18)
```
  2 0 3
-   6 6
```

(4)
```
  2 0 0
-   5 8
```

(9)
```
  2 0 1
-   5 8
```

(14)
```
  3 0 3
-     4
```

(19)
```
  3 0 3
-   7 4
```

(5)
```
  3 0 0
-   8 2
```

(10)
```
  3 0 1
-   8 2
```

(15)
```
  3 0 3
-     5
```

(20)
```
  3 0 3
-   6 5
```

2 Subtract.

(1)
```
  402
-   3
```

(6)
```
  504
-   5
```

(11)
```
  403
-  56
```

(16)
```
  403
- 156
```

(2)
```
  402
-  34
```

(7)
```
  504
-  27
```

(12)
```
  403
-  68
```

(17)
```
  403
- 168
```

(3)
```
  402
-  45
```

(8)
```
  504
-  58
```

(13)
```
  403
-  35
```

(18)
```
  403
- 135
```

(4)
```
  402
-  76
```

(9)
```
  504
-  79
```

(14)
```
  403
-  47
```

(19)
```
  403
- 147
```

(5)
```
  402
-  57
```

(10)
```
  504
-  46
```

(15)
```
  403
-  89
```

(20)
```
  403
- 189
```

Keep up the great work!

1 Subtract.

2 points per question

(1)
```
  720
- 134
```

(2)
```
  720
- 232
```

(3)
```
  720
- 346
```

(4)
```
  720
- 457
```

(5)
```
  720
- 679
```

(6)
```
  720
- 567
```

(7)
```
  720
- 480
```

(8)
```
  720
- 502
```

(9)
```
  720
- 621
```

(10)
```
  720
- 704
```

(11)
```
  704
-  24
```

(12)
```
  704
-  35
```

(13)
```
  704
-  46
```

(14)
```
  704
-  57
```

(15)
```
  704
-  98
```

(16)
```
  704
- 167
```

(17)
```
  704
- 178
```

(18)
```
  704
- 189
```

(19)
```
  704
- 192
```

(20)
```
  704
- 199
```

2 Subtract.

3 points per question

(1)
$$\begin{array}{r} 831 \\ -123 \\ \hline \end{array}$$

(5)
$$\begin{array}{r} 803 \\ -231 \\ \hline \end{array}$$

(9)
$$\begin{array}{r} 943 \\ -364 \\ \hline \end{array}$$

(13)
$$\begin{array}{r} 305 \\ -117 \\ \hline \end{array}$$

(2)
$$\begin{array}{r} 831 \\ -345 \\ \hline \end{array}$$

(6)
$$\begin{array}{r} 803 \\ -245 \\ \hline \end{array}$$

(10)
$$\begin{array}{r} 943 \\ -575 \\ \hline \end{array}$$

(14)
$$\begin{array}{r} 305 \\ -107 \\ \hline \end{array}$$

(3)
$$\begin{array}{r} 831 \\ -567 \\ \hline \end{array}$$

(7)
$$\begin{array}{r} 803 \\ -346 \\ \hline \end{array}$$

(11)
$$\begin{array}{r} 943 \\ -657 \\ \hline \end{array}$$

(15)
$$\begin{array}{r} 305 \\ -108 \\ \hline \end{array}$$

(4)
$$\begin{array}{r} 831 \\ -678 \\ \hline \end{array}$$

(8)
$$\begin{array}{r} 803 \\ -567 \\ \hline \end{array}$$

(12)
$$\begin{array}{r} 943 \\ -746 \\ \hline \end{array}$$

(16)
$$\begin{array}{r} 305 \\ -106 \\ \hline \end{array}$$

(17) $300 - 100 =$

(19) $260 - 120 =$

(18) $350 - 300 =$

(20) $365 - 125 =$

Have you mastered your 3-digit subtraction?

1 **Subtract.**

2 points per question

(1)
$$
\begin{array}{r}
3\,0\,0 \\
-\,1\,2\,0 \\
\hline
\end{array}
$$

(5)
$$
\begin{array}{r}
3\,0\,6 \\
-\,1\,0\,6 \\
\hline
\end{array}
$$

(9)
$$
\begin{array}{r}
6\,0\,4 \\
-\,4\,1\,0 \\
\hline
\end{array}
$$

(13)
$$
\begin{array}{r}
5\,0\,3 \\
-\,2\,6\,7 \\
\hline
\end{array}
$$

(2)
$$
\begin{array}{r}
3\,0\,0 \\
-\,1\,9\,0 \\
\hline
\end{array}
$$

(6)
$$
\begin{array}{r}
3\,0\,6 \\
-\,1\,0\,7 \\
\hline
\end{array}
$$

(10)
$$
\begin{array}{r}
6\,0\,4 \\
-\,3\,7\,4 \\
\hline
\end{array}
$$

(14)
$$
\begin{array}{r}
5\,0\,3 \\
-\,2\,7\,9 \\
\hline
\end{array}
$$

(3)
$$
\begin{array}{r}
3\,0\,0 \\
-\,1\,6\,8 \\
\hline
\end{array}
$$

(7)
$$
\begin{array}{r}
3\,0\,6 \\
-\,1\,0\,8 \\
\hline
\end{array}
$$

(11)
$$
\begin{array}{r}
6\,0\,4 \\
-\,3\,2\,8 \\
\hline
\end{array}
$$

(15)
$$
\begin{array}{r}
5\,0\,3 \\
-\,2\,5\,9 \\
\hline
\end{array}
$$

(4)
$$
\begin{array}{r}
3\,0\,0 \\
-\,1\,8\,9 \\
\hline
\end{array}
$$

(8)
$$
\begin{array}{r}
3\,0\,6 \\
-\,1\,0\,9 \\
\hline
\end{array}
$$

(12)
$$
\begin{array}{r}
6\,0\,4 \\
-\,2\,7\,6 \\
\hline
\end{array}
$$

(16)
$$
\begin{array}{r}
5\,0\,3 \\
-\,2\,0\,9 \\
\hline
\end{array}
$$

(17) $528 - 106 =$

(19) $174 - 38 =$

(18) $347 - 123 =$

(20) $263 - 37 =$

2 Subtract.

(1)
```
  823
- 147
```

(5)
```
  814
- 345
```

(9)
```
  800
- 675
```

(13)
```
  804
- 675
```

(2)
```
  823
- 357
```

(6)
```
  814
- 456
```

(10)
```
  800
- 426
```

(14)
```
  804
- 406
```

(3)
```
  823
- 469
```

(7)
```
  814
- 568
```

(11)
```
  800
- 264
```

(15)
```
  804
- 207
```

(4)
```
  823
- 678
```

(8)
```
  814
- 777
```

(12)
```
  800
-  99
```

(16)
```
  804
- 799
```

(17) $236 - 118 =$

(19) $415 - 160 =$

(18) $236 - 70 =$

(20) $400 - 273 =$

OK! Let's try 4-digit subtraction!

77

4-Digit Subtraction

Level ★★★

Date / /

Name

Score

/100

1 Subtract.

4 points per question

(1)
```
  1 3 6 5
-       2
```

(2)
```
  1 3 6 5
-       4
```

(3)
```
  1 3 6 5
-       7
```

(4)
```
  1 3 6 5
-       9
```

(5)
```
  1 2 4 3
-       8
```

(6)
```
  1 2 4 3
-       5
```

(7)
```
  1 4 5 6
-     3 2
```

(8)
```
  1 4 5 6
-     4 5
```

(9)
```
  1 4 5 6
-     3 8
```

(10)
```
  1 4 5 6
-     7 3
```

(11)
```
  1 6 4 2
-     2 7
```

(12)
```
  1 6 4 2
-     5 1
```

(13)
```
  1 5 7 5
-   3 6 4
```

(14)
```
  1 5 7 5
-   3 4 7
```

(15)
```
  1 5 7 5
-   3 8 2
```

(16)
```
  1 2 5 6
-   6 5 3
```

2 Subtract.

2 points per question

(1)
```
  1 2 3 4
-       6
```

(2)
```
  1 2 3 4
-     1 6
```

(3)
```
  1 2 3 4
-     4 6
```

(4)
```
  1 2 3 4
-     3 6
```

(5)
```
  1 5 2 5
-     3 9
```

(6)
```
  1 5 2 5
-     2 9
```

(7)
```
  1 4 4 3
-     2 7
```

(8)
```
  1 4 4 3
-     6 2
```

(9)
```
  1 4 4 3
-     5 6
```

(10)
```
  1 4 4 3
-     8 7
```

(11)
```
  1 6 5 2
-     8 5
```

(12)
```
  1 6 5 2
-     7 4
```

(13)
```
  1 5 4 6
-   2 1 9
```

(14)
```
  1 5 4 6
-   2 7 3
```

(15)
```
  1 5 4 6
-   2 8 8
```

(16)
```
  1 5 4 6
-   6 2 7
```

(17)
```
  1 5 4 6
-   7 6 2
```

(18)
```
  1 5 4 6
-   5 8 1
```

Great! Now let's check your answers.

4-Digit Subtraction

Level ★★★

Score

Date / /

Name

/100

1 Subtract.

4 points per question

(1)
```
  1 3 3 6
-   1 5 7
```

(5)
```
  1 2 4 2
-   3 6 1
```

(9)
```
  1 3 2 5
-   5 6 7
```

(13)
```
  1 7 3 2
-   8 5 5
```

(2)
```
  1 3 3 6
-   2 5 7
```

(6)
```
  1 2 4 2
-   5 7 6
```

(10)
```
  1 3 2 5
-   3 5 8
```

(14)
```
  1 7 3 2
-   7 8 4
```

(3)
```
  1 3 3 6
-   5 4 8
```

(7)
```
  1 3 2 5
-   4 7 3
```

(11)
```
  1 5 3 4
-   6 5 1
```

(15)
```
  1 7 3 2
-   7 3 6
```

(4)
```
  1 3 3 6
-   3 4 9
```

(8)
```
  1 3 2 5
-   4 8 6
```

(12)
```
  1 5 3 4
-   5 7 7
```

(16)
```
  1 8 7 5
-   8 7 7
```

2 Subtract.

2 points per question

(1)
```
  1 0 0 0
-     6
```

(2)
```
  1 0 0 0
-    1 6
```

(3)
```
  1 0 0 0
-  1 1 6
```

(4)
```
  1 0 0 0
-  1 9 6
```

(5)
```
  1 2 0 0
-    3 3
```

(6)
```
  1 2 0 0
-  1 9 3
```

(7)
```
  1 4 0 0
-    4 7
```

(8)
```
  1 4 0 0
-  5 9 7
```

(9)
```
  1 6 0 0
-  2 5 6
```

(10)
```
  1 6 0 0
-  6 9 3
```

(11)
```
  1 2 0 6
-      8
```

(12)
```
  1 2 0 6
-    1 8
```

(13)
```
  1 2 0 6
-    9 8
```

(14)
```
  1 2 0 6
-  3 9 8
```

(15)
```
  1 0 7 3
-  3 2 8
```

(16)
```
  1 0 7 3
-  3 6 8
```

(17)
```
  1 0 7 3
-  5 9 2
```

(18)
```
  1 0 7 3
-  9 7 6
```

Let's move on to something even bigger!

4-Digit Subtraction

Date   /   /

Name

Level ★★★

Score

/100

1 Subtract.

4 points per question

(1)
```
  5 0 0 0
- 3 0 0 0
```

(5)
```
  3 5 7 0
- 1 2 3 0
```

(9)
```
  4 6 8 5
- 2 3 4 0
```

(13)
```
  5 3 7 4
- 3 1 2 4
```

(2)
```
  6 0 0 0
- 3 0 0 0
```

(6)
```
  3 5 7 0
- 1 4 7 0
```

(10)
```
  4 6 8 5
- 3 4 6 2
```

(14)
```
  5 3 7 4
- 3 1 2 6
```

(3)
```
  6 3 0 0
- 3 0 0 0
```

(7)
```
  3 5 7 0
- 1 5 0 0
```

(11)
```
  4 6 8 5
- 2 3 5 7
```

(15)
```
  5 3 7 4
- 4 2 3 9
```

(4)
```
  6 5 0 0
- 3 2 0 0
```

(8)
```
  3 5 7 0
- 1 0 7 0
```

(12)
```
  4 6 8 5
- 1 0 7 6
```

(16)
```
  5 3 7 4
- 2 1 6 8
```

2 Subtract.

2 points per question

(1)
```
  6 8 5 2
- 2 3 4 1
```

(2)
```
  6 8 5 2
- 2 3 1 7
```

(3)
```
  6 8 5 2
- 3 3 7 0
```

(4)
```
  6 8 5 2
- 3 2 6 1
```

(5)
```
  4 7 3 5
- 2 3 1 8
```

(6)
```
  4 7 3 5
- 2 3 7 4
```

(7)
```
  4 7 3 5
- 1 6 8 0
```

(8)
```
  4 7 3 5
- 1 5 4 2
```

(9)
```
  3 4 6 2
- 1 2 4 8
```

(10)
```
  3 4 6 2
- 1 3 8 1
```

(11)
```
  3 4 6 2
- 1 4 2 1
```

(12)
```
  3 4 6 2
- 1 5 4 0
```

(13)
```
  6 1 7 5
- 1 5 3 0
```

(14)
```
  6 1 7 5
- 2 6 3 4
```

(15)
```
  6 1 7 5
- 3 8 4 1
```

(16)
```
  5 4 6 9
- 3 5 2 7
```

(17)
```
  5 4 6 9
- 1 3 7 0
```

(18)
```
  5 4 6 9
- 2 4 8 5
```

Have you mastered your 4-digit subtraction?

1 Subtract.

4 points per question

(1)
```
  4 7 5 6
- 1 2 2 8
```

(5)
```
  3 7 3 4
- 1 2 5 6
```

(9)
```
  5 6 7 3
- 2 3 8 9
```

(13)
```
  4 3 5 5
- 2 0 7 0
```

(2)
```
  4 7 5 6
- 2 2 8 3
```

(6)
```
  3 7 3 4
- 2 4 8 9
```

(10)
```
  7 4 5 2
- 1 2 1 6
```

(14)
```
  4 3 5 5
- 2 8 1 5
```

(3)
```
  4 7 5 6
- 2 2 8 7
```

(7)
```
  5 6 7 3
- 2 3 5 9
```

(11)
```
  7 4 5 2
- 1 2 7 0
```

(15)
```
  4 3 5 5
- 1 7 6 0
```

(4)
```
  3 7 3 4
- 1 2 1 6
```

(8)
```
  5 6 7 3
- 2 3 9 2
```

(12)
```
  7 4 5 2
- 1 2 7 7
```

(16)
```
  4 3 5 5
- 1 6 9 2
```

2 Subtract.

2 points per question

(1)
```
  4842
- 1272
```

(2)
```
  4842
- 1377
```

(3)
```
  5284
- 2655
```

(4)
```
  5284
- 2716
```

(5)
```
  3730
- 1376
```

(6)
```
  3730
- 1488
```

(7)
```
  5720
- 3134
```

(8)
```
  5720
- 3232
```

(9)
```
  4704
- 1267
```

(10)
```
  4704
- 1289
```

(11)
```
  6502
- 2192
```

(12)
```
  6502
- 2195
```

(13)
```
  3000
- 1200
```

(14)
```
  3000
- 1680
```

(15)
```
  3060
- 1070
```

(16)
```
  3060
- 1100
```

(17)
```
  5030
- 2540
```

(18)
```
  5030
- 2170
```

OK! It's time to review what we've learned!

43 Subtraction Review

Level ★★★

Date / /

Name

Score

/100

1 Subtract.

2 points per question

(1)
```
   1 4 2
 -   2 7
```

(5)
```
   5 4 9
 - 3 5 4
```

(9)
```
   3 6 8
 - 3 6 0
```

(13)
```
   6 4 8
 - 3 4 5
```

(2)
```
   2 7 5
 -   6 8
```

(6)
```
   6 1 7
 - 4 8 6
```

(10)
```
   1 3 5
 -   1 4
```

(14)
```
   7 5 4
 - 3 5 4
```

(3)
```
   6 5 3
 - 1 2 3
```

(7)
```
   8 2 5
 - 5 7 2
```

(11)
```
   2 5 4
 -   2 7
```

(15)
```
   5 4 6
 - 1 9 3
```

(4)
```
   2 5 2
 - 1 3 8
```

(8)
```
   4 7 3
 - 2 3 9
```

(12)
```
   7 6 8
 - 5 1 9
```

(16)
```
   1 4 6
 -   3 9
```

(17) $256 - 139 =$

(19) $164 - 47 =$

(18) $348 - 135 =$

(20) $525 - 193 =$

2 Subtract.

3 points per question

(1)
```
   2 3 5
 −   4 8
```

(5)
```
   6 1 4
 − 1 5 8
```

(9)
```
   3 0 4
 −   6 5
```

(13)
```
   7 2 0
 − 2 3 5
```

(2)
```
   7 5 6
 − 3 8 1
```

(6)
```
   9 6 3
 − 3 9 0
```

(10)
```
   4 1 0
 −   8 9
```

(14)
```
   8 0 2
 − 4 0 8
```

(3)
```
   8 4 3
 − 4 8 7
```

(7)
```
   5 3 0
 − 4 0 8
```

(11)
```
   7 2 2
 − 2 6 7
```

(15)
```
   4 3 1
 − 1 9 3
```

(4)
```
   3 5 4
 −   9 6
```

(8)
```
   2 0 0
 −   1 2
```

(12)
```
   5 1 6
 − 3 0 9
```

(16)
```
   6 4 3
 − 2 7 5
```

3 Subtract.

3 points per question

(1)
```
   1 3 4 6
 −   1 2 8
```

(2)
```
   2 2 4 5
 − 2 0 9 0
```

(3)
```
   4 5 1 0
 − 3 1 7 0
```

(4)
```
   5 4 0 2
 − 2 5 7 5
```

Congratulations! You are ready for **Grade 3 Multiplication**!

Answer Key — Grade 3 Addition & Subtraction

1 2-Digit Addition Review   pp 2,3

1
(1) 17	(6) 42	(11) 45	(16) 91
(2) 29	(7) 38	(12) 54	(17) 81
(3) 30	(8) 57	(13) 74	(18) 95
(4) 34	(9) 76	(14) 80	(19) 73
(5) 36	(10) 43	(15) 90	(20) 55

2
(1) 59	(6) 90	(11) 95	(16) 91
(2) 94	(7) 97	(12) 99	(17) 86
(3) 99	(8) 99	(13) 98	(18) 82
(4) 43	(9) 81	(14) 90	(19) 94
(5) 97	(10) 82	(15) 92	(20) 91

2 2-Digit Addition Review   pp 4,5

1
(1) 77	(6) 138	(11) 107	(16) 131
(2) 78	(7) 136	(12) 137	(17) 152
(3) 90	(8) 146	(13) 143	(18) 120
(4) 92	(9) 129	(14) 151	(19) 130
(5) 120	(10) 127	(15) 133	(20) 172

2
(1) 147	(6) 105	(11) 126	(16) 120
(2) 142	(7) 110	(12) 121	(17) 101
(3) 134	(8) 102	(13) 141	(18) 116
(4) 124	(9) 114	(14) 100	(19) 142
(5) 107	(10) 142	(15) 117	(20) 171

3 2-Digit Addition Review   pp 6,7

1
(1) 44	(6) 99	(11) 84	(16) 40
(2) 41	(7) 83	(12) 45	(17) 97
(3) 77	(8) 43	(13) 91	(18) 63
(4) 72	(9) 45	(14) 87	(19) 93
(5) 84	(10) 70	(15) 90	(20) 84

2
(1) 115	(6) 130	(11) 133	(16) 135
(2) 109	(7) 153	(12) 126	(17) 134
(3) 133	(8) 112	(13) 103	(18) 122
(4) 151	(9) 127	(14) 100	(19) 112
(5) 130	(10) 141	(15) 123	(20) 105

Advice

If you scored over 85 on this section, review your mistakes and move on to the next section.

If you scored between 75 and 84 on this section, review the beginning of this book before moving on.

If you scored less than 74 on this section, it might be a good idea to go back to our "Grade 2 Addition" book and do an extended review of addition.

4 3-Digit Addition   pp 8,9

1
(1) 170	(4) 168	(7) 122	(10) 181
(2) 186	(5) 180	(8) 131	
(3) 163	(6) 114	(9) 143	

2
(1) 145	(4) 292	(7) 491	(10) 481
(2) 163	(5) 272	(8) 182	
(3) 290	(6) 351	(9) 471	

3
(1) 200	(4) 700	(7) 330	(10) 899
(2) 300	(5) 900	(8) 540	
(3) 500	(6) 240	(9) 790	

4
(1) 467	(4) 691	(7) 641	(10) 580
(2) 478	(5) 692	(8) 692	
(3) 454	(6) 653	(9) 774	

Advice

3-digit vertical form addition is just like 2-digit vertical form addition, right?

5 3-Digit Addition   pp 10,11

1
(1) 747	(6) 370	(11) 781	(16) 445
(2) 776	(7) 447	(12) 834	(17) 438
(3) 690	(8) 562	(13) 772	(18) 662
(4) 722	(9) 940	(14) 493	(19) 986
(5) 579	(10) 885	(15) 892	(20) 791

2
(1) 685	(6) 443	(11) 610	(16) 587
(2) 884	(7) 651	(12) 791	(17) 495
(3) 992	(8) 593	(13) 390	(18) 251
(4) 990	(9) 685	(14) 892	(19) 370
(5) 775	(10) 373	(15) 715	(20) 540

6　3-Digit Addition　　pp 12,13

1
(1) 465　(4) 481　(7) 616　(10) 777
(2) 472　(5) 581　(8) 444
(3) 585　(6) 448　(9) 417

2
(1) 850　(4) 504　(7) 571　(10) 361
(2) 649　(5) 669　(8) 637
(3) 658　(6) 690　(9) 640

3
(1) 728　(6) 636　(11) 482　(16) 818
(2) 629　(7) 665　(12) 396　(17) 793
(3) 566　(8) 472　(13) 783　(18) 577
(4) 407　(9) 719　(14) 890　(19) 886
(5) 570　(10) 810　(15) 271　(20) 637

7　3-Digit Addition　　pp 14,15

1
(1) 678　(6) 390　(11) 713　(16) 362
(2) 825　(7) 580　(12) 582　(17) 393
(3) 906　(8) 494　(13) 338　(18) 779
(4) 937　(9) 607　(14) 430　(19) 981
(5) 659　(10) 618　(15) 643　(20) 983

2
(1) 363　(6) 814　(11) 489　(16) 795
(2) 490　(7) 649　(12) 384　(17) 881
(3) 815　(8) 537　(13) 751　(18) 490
(4) 451　(9) 492　(14) 899　(19) 687
(5) 514　(10) 528　(15) 909　(20) 777

8　3-Digit Addition　　pp 16,17

1
(1) 205　(6) 292　(11) 461　(16) 417
(2) 246　(7) 280　(12) 483　(17) 439
(3) 192　(8) 272　(13) 517　(18) 428
(4) 184　(9) 286　(14) 490　(19) 448
(5) 186　(10) 366　(15) 454　(20) 394

2
(1) 227　(6) 381　(11) 462　(16) 491
(2) 206　(7) 380　(12) 470　(17) 380
(3) 218　(8) 425　(13) 583　(18) 554
(4) 182　(9) 415　(14) 591　(19) 739
(5) 191　(10) 361　(15) 618　(20) 797

9　3-Digit Addition　　pp 18,19

1
(1) 282　(6) 327　(11) 352　(16) 393
(2) 292　(7) 308　(12) 422　(17) 403
(3) 302　(8) 304　(13) 284　(18) 413
(4) 312　(9) 312　(14) 314　(19) 423
(5) 342　(10) 332　(15) 324　(20) 433

2
(1) 391　(6) 291　(11) 424　(16) 644
(2) 421　(7) 321　(12) 433　(17) 722
(3) 390　(8) 472　(13) 374　(18) 491
(4) 430　(9) 512　(14) 424　(19) 501
(5) 434　(10) 532　(15) 444　(20) 511

10　3-Digit Addition　　pp 20,21

1
(1) 238　(6) 270　(11) 200　(16) 592
(2) 339　(7) 400　(12) 222　(17) 338
(3) 545　(8) 623　(13) 309　(18) 532
(4) 522　(9) 531　(14) 300　(19) 424
(5) 362　(10) 533　(15) 343　(20) 432

2
(1) 285　(6) 293　(11) 363　(16) 341
(2) 295　(7) 290　(12) 324　(17) 534
(3) 315　(8) 322　(13) 312　(18) 455
(4) 402　(9) 333　(14) 420　(19) 360
(5) 351　(10) 322　(15) 521　(20) 579

11　3-Digit Addition　　pp 22,23

1
(1) 382　(6) 582　(11) 483　(16) 804
(2) 392　(7) 612　(12) 493　(17) 833
(3) 422　(8) 800　(13) 523　(18) 602
(4) 412　(9) 420　(14) 442　(19) 574
(5) 402　(10) 623　(15) 402　(20) 653

2
(1) 591　(6) 886　(11) 685　(16) 754
(2) 602　(7) 891　(12) 734　(17) 865
(3) 613　(8) 883　(13) 827　(18) 801
(4) 730　(9) 775　(14) 813　(19) 945
(5) 700　(10) 834　(15) 750　(20) 821

12 3-Digit Addition
pp 24, 25

1
(1) 384	(8) 442	(15) 732
(2) 415	(9) 507	(16) 731
(3) 765	(10) 514	(17) 300
(4) 932	(11) 613	(18) 250
(5) 444	(12) 923	(19) 894
(6) 524	(13) 200	(20) 478
(7) 450	(14) 501	

2
(1) 855	(8) 416	(15) 700
(2) 856	(9) 806	(16) 921
(3) 392	(10) 483	(17) 250
(4) 646	(11) 400	(18) 350
(5) 512	(12) 851	(19) 778
(6) 726	(13) 760	(20) 660
(7) 920	(14) 841	

Advice

If you think the vertical form is difficult, you can rewrite it horizontally. Or, if you think the horizontal form is hard, try it vertically!

13 3-Digit Addition
pp 26, 27

1
(1) 626	(8) 661	(15) 343
(2) 705	(9) 561	(16) 503
(3) 782	(10) 823	(17) 298
(4) 822	(11) 400	(18) 350
(5) 237	(12) 910	(19) 391
(6) 172	(13) 701	(20) 683
(7) 510	(14) 500	

2
(1) 861	(8) 603	(15) 200
(2) 652	(9) 914	(16) 350
(3) 520	(10) 860	(17) 661
(4) 801	(11) 876	(18) 592
(5) 327	(12) 924	(19) 271
(6) 313	(13) 848	(20) 395
(7) 704	(14) 620	

14 3-Digit Addition
pp 28, 29

1
(1) 211	(8) 981	(15) 1278
(2) 303	(9) 500	(16) 1184
(3) 445	(10) 622	(17) 192
(4) 522	(11) 711	(18) 374
(5) 770	(12) 700	(19) 741
(6) 600	(13) 1185	(20) 896
(7) 983	(14) 1164	

2
(1) 370	(8) 1002	(15) 1223
(2) 885	(9) 963	(16) 1130
(3) 654	(10) 1224	(17) 697
(4) 651	(11) 1122	(18) 909
(5) 1134	(12) 1323	(19) 429
(6) 1100	(13) 923	(20) 810
(7) 706	(14) 1151	

15 3-Digit Addition
pp 30, 31

1
(1) 445	(8) 1360	(15) 1410
(2) 620	(9) 1233	(16) 1532
(3) 1131	(10) 1133	(17) 560
(4) 1128	(11) 1331	(18) 770
(5) 1342	(12) 1430	(19) 473
(6) 1181	(13) 1204	(20) 664
(7) 1550	(14) 1323	

2
(1) 839	(8) 1202	(15) 1340
(2) 777	(9) 1154	(16) 1431
(3) 845	(10) 1293	(17) 491
(4) 651	(11) 1082	(18) 1120
(5) 1000	(12) 1270	(19) 819
(6) 1100	(13) 1123	(20) 914
(7) 1110	(14) 1204	

16 3-Digit Addition
pp 32, 33

1
(1) 615	(8) 1100	(15) 1612
(2) 833	(9) 1344	(16) 1734
(3) 1020	(10) 1544	(17) 521
(4) 1223	(11) 800	(18) 620
(5) 1441	(12) 1079	(19) 812
(6) 754	(13) 1231	(20) 944
(7) 935	(14) 1432	

2 (1) 632　(8) 1130　(15) 1620
(2) 841　(9) 1341　(16) 1862
(3) 1027　(10) 1513　(17) 795
(4) 1200　(11) 851　(18) 918
(5) 1400　(12) 1062　(19) 963
(6) 752　(13) 1253　(20) 943
(7) 935　(14) 1401

17　4-Digit Addition　pp 34, 35

1 (1) 1600　(5) 1888　(9) 2741　(13) 2395
(2) 1870　(6) 1580　(10) 2672　(14) 2604
(3) 1630　(7) 1594　(11) 3781　(15) 1746
(4) 1695　(8) 1772　(12) 4391　(16) 3666

2 (1) 3000　(6) 4970　(11) 5863　(16) 3678
(2) 5000　(7) 5583　(12) 5753　(17) 4663
(3) 2400　(8) 6937　(13) 4675　(18) 3815
(4) 3300　(9) 3686　(14) 4882
(5) 5450　(10) 3974　(15) 3735

Advice

Calculate 4-digit addition just like 2-digit and 3-digit addition.

18　4-Digit Addition　pp 36, 37

1 (1) 2692　(5) 1813　(9) 3214　(13) 6450
(2) 2608　(6) 1823　(10) 5155　(14) 7227
(3) 1642　(7) 3915　(11) 4248　(15) 5029
(4) 1803　(8) 4307　(12) 4861　(16) 4107

2 (1) 4682　(6) 6523　(11) 4208　(16) 4482
(2) 4722　(7) 4377　(12) 6026　(17) 9171
(3) 3682　(8) 5237　(13) 7657　(18) 7266
(4) 3712　(9) 8334　(14) 6293
(5) 4900　(10) 8005　(15) 4452

19　4-Digit Addition　pp 38, 39

1 (1) 2110　(5) 3410　(9) 5816　(13) 4264
(2) 3037　(6) 5234　(10) 6228　(14) 8221
(3) 4458　(7) 7707　(11) 8573　(15) 5042
(4) 4362　(8) 6008　(12) 4075　(16) 4014

2 (1) 3709　(6) 11855　(11) 11540　(16) 11803
(2) 8771　(7) 11642　(12) 12256　(17) 12199
(3) 3651　(8) 12788　(13) 12704　(18) 15406
(4) 4134　(9) 12746　(14) 11237
(5) 5002　(10) 11791　(15) 12938

20　Addition Review　pp 40, 41

1 (1) 146　(8) 479　(15) 392
(2) 180　(9) 590　(16) 777
(3) 377　(10) 481　(17) 282
(4) 490　(11) 756　(18) 337
(5) 573　(12) 813　(19) 495
(6) 891　(13) 779　(20) 691
(7) 855　(14) 618

2 (1) 233　(5) 511　(9) 800　(13) 1182
(2) 332　(6) 611　(10) 540　(14) 733
(3) 441　(7) 503　(11) 704　(15) 1127
(4) 947　(8) 400　(12) 1166　(16) 904

3 (1) 4525　(2) 3304　(3) 8050　(4) 10560

Advice

If you made many mistakes in **1**, start reviewing on page 8.

If you made many mistakes in **2**, start reviewing on page 18.

If you made many mistakes in **3**, start reviewing on page 34.

21　2-Digit Subtraction Review　pp 42, 43

1 (1) 13　(6) 24　(11) 52　(16) 49
(2) 22　(7) 22　(12) 16　(17) 27
(3) 31　(8) 53　(13) 24　(18) 56
(4) 52　(9) 18　(14) 30　(19) 8
(5) 51　(10) 31　(15) 16　(20) 4

2 (1) 50　(6) 36　(11) 21　(16) 48
(2) 29　(7) 38　(12) 9　(17) 15
(3) 39　(8) 8　(13) 9　(18) 22
(4) 57　(9) 5　(14) 5　(19) 6
(5) 17　(10) 17　(15) 18　(20) 7

(22) 3-Digit Subtraction Review　　　pp 44,45

1
(1)	70	(6)	45	(11)	82	(16)	77
(2)	80	(7)	64	(12)	68	(17)	56
(3)	70	(8)	64	(13)	69	(18)	85
(4)	83	(9)	72	(14)	71	(19)	93
(5)	54	(10)	40	(15)	76	(20)	77

2
(1)	85	(6)	79	(11)	75	(16)	88
(2)	70	(7)	85	(12)	96	(17)	54
(3)	46	(8)	93	(13)	47	(18)	71
(4)	98	(9)	75	(14)	48	(19)	27
(5)	50	(10)	84	(15)	95	(20)	96

(23) 3-Digit Subtraction Review　　　pp 46,47

1
(1)	28	(6)	9	(11)	43	(16)	29
(2)	16	(7)	13	(12)	36	(17)	28
(3)	19	(8)	8	(13)	20	(18)	3
(4)	18	(9)	7	(14)	29	(19)	26
(5)	13	(10)	35	(15)	76	(20)	5

2
(1)	73	(6)	60	(11)	95	(16)	79
(2)	57	(7)	90	(12)	44	(17)	97
(3)	73	(8)	96	(13)	96	(18)	7
(4)	58	(9)	68	(14)	17	(19)	92
(5)	78	(10)	86	(15)	64	(20)	85

Advice

If you scored over 85 on this section, review your mistakes and move on to the next section.

If you scored between 75 and 84 on this section, review the last three sections before moving on.

If you scored less than 74 on this section, it might be a good idea to go back to our "Grade 2 Subtraction" book and do an extended review of subtraction.

(24) 3-Digit Subtraction　　　pp 48,49

1
(1)	140	(6)	150	(11)	160	(16)	170
(2)	120	(7)	130	(12)	140	(17)	150
(3)	100	(8)	110	(13)	120	(18)	130
(4)	130	(9)	140	(14)	150	(19)	160
(5)	110	(10)	120	(15)	130	(20)	140

2
(1)	122	(6)	154	(11)	120	(16)	124
(2)	110	(7)	152	(12)	112	(17)	132
(3)	113	(8)	150	(13)	121	(18)	118
(4)	124	(9)	148	(14)	119	(19)	109
(5)	104	(10)	146	(15)	117	(20)	126

(25) 3-Digit Subtraction　　　pp 50,51

1
(1)	112	(6)	122	(11)	132	(16)	126
(2)	110	(7)	120	(12)	121	(17)	138
(3)	109	(8)	129	(13)	120	(18)	117
(4)	115	(9)	118	(14)	127	(19)	109
(5)	117	(10)	114	(15)	115	(20)	105

2
(1)	144	(6)	110	(11)	140	(16)	127
(2)	123	(7)	129	(12)	138	(17)	116
(3)	100	(8)	118	(13)	147	(18)	105
(4)	107	(9)	107	(14)	119	(19)	113
(5)	118	(10)	128	(15)	136	(20)	104

(26) 3-Digit Subtraction　　　pp 52,53

1
(1)	114	(6)	124	(11)	114	(16)	119
(2)	107	(7)	126	(12)	116	(17)	107
(3)	103	(8)	128	(13)	118	(18)	110
(4)	115	(9)	123	(14)	113	(19)	108
(5)	112	(10)	135	(15)	119	(20)	117

2
(1)	120	(6)	110	(11)	125	(16)	80
(2)	110	(7)	100	(12)	115	(17)	40
(3)	100	(8)	90	(13)	105	(18)	50
(4)	90	(9)	80	(14)	103	(19)	30
(5)	80	(10)	70	(15)	111	(20)	10

(27) 3-Digit Subtraction　　　pp 54,55

1
(1)	86	(6)	83	(11)	93	(16)	107
(2)	75	(7)	92	(12)	84	(17)	93
(3)	81	(8)	54	(13)	72	(18)	82
(4)	63	(9)	62	(14)	118	(19)	119
(5)	47	(10)	70	(15)	109	(20)	71

2
(1)	118	(6)	218	(11)	327	(16)	426
(2)	109	(7)	209	(12)	318	(17)	404
(3)	92	(8)	192	(13)	292	(18)	391
(4)	84	(9)	184	(14)	282	(19)	381
(5)	75	(10)	175	(15)	272	(20)	371

28 3-Digit Subtraction
pp 56, 57

1
(1) 112	(6) 191	(11) 323	(16) 410
(2) 107	(7) 216	(12) 282	(17) 373
(3) 83	(8) 172	(13) 308	(18) 361
(4) 115	(9) 227	(14) 291	(19) 407
(5) 61	(10) 154	(15) 306	(20) 415

2
(1) 122	(6) 235	(11) 313	(16) 418
(2) 126	(7) 211	(12) 327	(17) 385
(3) 90	(8) 171	(13) 319	(18) 438
(4) 73	(9) 218	(14) 284	(19) 370
(5) 125	(10) 193	(15) 262	(20) 407

29 3-Digit Subtraction
pp 58, 59

1
(1) 300	(6) 234	(11) 234	(16) 168
(2) 400	(7) 210	(12) 123	(17) 208
(3) 430	(8) 207	(13) 357	(18) 160
(4) 430	(9) 250	(14) 246	(19) 100
(5) 323	(10) 200	(15) 135	(20) 18

2
(1) 222	(6) 243	(11) 320	(16) 411
(2) 310	(7) 242	(12) 223	(17) 213
(3) 213	(8) 240	(13) 122	(18) 407
(4) 34	(9) 238	(14) 219	(19) 309
(5) 4	(10) 236	(15) 117	(20) 416

30 3-Digit Subtraction
pp 60, 61

1
(1) 530	(6) 410	(11) 429	(16) 538
(2) 431	(7) 219	(12) 538	(17) 427
(3) 301	(8) 317	(13) 347	(18) 316
(4) 213	(9) 108	(14) 300	(19) 205
(5) 318	(10) 427	(15) 236	(20) 114

2
(1) 100	(6) 518	(11) 328	(16) 375
(2) 614	(7) 516	(12) 235	(17) 465
(3) 511	(8) 514	(13) 227	(18) 482
(4) 402	(9) 739	(14) 439	(19) 363
(5) 508	(10) 404	(15) 306	(20) 260

31 3-Digit Subtraction
pp 62, 63

1
(1) 122	(6) 464	(11) 685	(16) 194
(2) 106	(7) 354	(12) 453	(17) 352
(3) 30	(8) 234	(13) 571	(18) 281
(4) 219	(9) 161	(14) 264	(19) 363
(5) 325	(10) 447	(15) 140	(20) 170

2
(1) 213	(6) 392	(11) 218	(16) 137
(2) 317	(7) 416	(12) 171	(17) 74
(3) 291	(8) 383	(13) 109	(18) 382
(4) 418	(9) 348	(14) 93	(19) 308
(5) 173	(10) 75	(15) 206	(20) 61

32 3-Digit Subtraction
pp 64, 65

1
(1) 128	(6) 117	(11) 108	(16) 106
(2) 118	(7) 107	(12) 89	(17) 86
(3) 108	(8) 87	(13) 87	(18) 56
(4) 88	(9) 67	(14) 57	(19) 66
(5) 68	(10) 97	(15) 97	(20) 99

2
(1) 118	(6) 80	(11) 109	(16) 125
(2) 108	(7) 77	(12) 89	(17) 105
(3) 88	(8) 75	(13) 69	(18) 85
(4) 68	(9) 79	(14) 49	(19) 65
(5) 98	(10) 95	(15) 99	(20) 95

33 3-Digit Subtraction
pp 66, 67

1
(1) 123	(6) 223	(11) 336	(16) 425
(2) 113	(7) 208	(12) 326	(17) 405
(3) 93	(8) 188	(13) 306	(18) 385
(4) 89	(9) 178	(14) 286	(19) 365
(5) 78	(10) 198	(15) 296	(20) 395

2
(1) 112	(6) 164	(11) 526	(16) 162
(2) 129	(7) 159	(12) 506	(17) 171
(3) 101	(8) 169	(13) 516	(18) 169
(4) 90	(9) 166	(14) 381	(19) 167
(5) 98	(10) 197	(15) 372	(20) 165

34 3-Digit Subtraction   pp 68,69

1
(1) 528	(6) 415	(11) 716	(16) 607
(2) 473	(7) 382	(12) 681	(17) 571
(3) 469	(8) 385	(13) 676	(18) 566
(4) 526	(9) 235	(14) 426	(19) 359
(5) 458	(10) 175	(15) 156	(20) 354

2
(1) 625	(6) 716	(11) 416	(16) 393
(2) 570	(7) 681	(12) 360	(17) 406
(3) 565	(8) 676	(13) 354	(18) 385
(4) 462	(9) 563	(14) 322	(19) 286
(5) 456	(10) 556	(15) 242	(20) 295

35 3-Digit Subtraction   pp 70,71

1
(1) 97	(6) 87	(11) 108	(16) 98
(2) 95	(7) 75	(12) 106	(17) 86
(3) 193	(8) 143	(13) 204	(18) 174
(4) 191	(9) 121	(14) 202	(19) 162
(5) 296	(10) 276	(15) 303	(20) 223

2
(1) 397	(6) 388	(11) 496	(16) 507
(2) 394	(7) 366	(12) 482	(17) 484
(3) 383	(8) 311	(13) 403	(18) 435
(4) 372	(9) 337	(14) 519	(19) 526
(5) 306	(10) 371	(15) 606	(20) 642

36 3-Digit Subtraction   pp 72,73

1
(1) 96	(6) 97	(11) 96	(16) 86
(2) 87	(7) 88	(12) 195	(17) 175
(3) 174	(8) 175	(13) 197	(18) 137
(4) 142	(9) 143	(14) 299	(19) 229
(5) 218	(10) 219	(15) 298	(20) 238

2
(1) 399	(6) 499	(11) 347	(16) 247
(2) 368	(7) 477	(12) 335	(17) 235
(3) 357	(8) 446	(13) 368	(18) 268
(4) 326	(9) 425	(14) 356	(19) 256
(5) 345	(10) 458	(15) 314	(20) 214

37 3-Digit Subtraction   pp 74,75

1
(1) 586	(6) 153	(11) 680	(16) 537
(2) 488	(7) 240	(12) 669	(17) 526
(3) 374	(8) 218	(13) 658	(18) 515
(4) 263	(9) 99	(14) 647	(19) 512
(5) 41	(10) 16	(15) 606	(20) 505

2
(1) 708	(5) 572	(9) 579	(13) 188
(2) 486	(6) 558	(10) 368	(14) 198
(3) 264	(7) 457	(11) 286	(15) 197
(4) 153	(8) 236	(12) 197	(16) 199
(17) 200	(19) 140		
(18) 50	(20) 240		

38 3-Digit Subtraction   pp 76,77

1
(1) 180	(5) 200	(9) 194	(13) 236
(2) 110	(6) 199	(10) 230	(14) 224
(3) 132	(7) 198	(11) 276	(15) 244
(4) 111	(8) 197	(12) 328	(16) 294
(17) 422	(19) 136		
(18) 224	(20) 226		

2
(1) 676	(5) 469	(9) 125	(13) 129
(2) 466	(6) 358	(10) 374	(14) 398
(3) 354	(7) 246	(11) 536	(15) 597
(4) 145	(8) 37	(12) 701	(16) 5
(17) 118	(19) 255		
(18) 166	(20) 127		

39 4-Digit Subtraction   pp 78,79

1
(1) 1363	(5) 1235	(9) 1418	(13) 1211
(2) 1361	(6) 1238	(10) 1383	(14) 1228
(3) 1358	(7) 1424	(11) 1615	(15) 1193
(4) 1356	(8) 1411	(12) 1591	(16) 603

2
(1) 1228	(6) 1496	(11) 1567	(16) 919
(2) 1218	(7) 1416	(12) 1578	(17) 784
(3) 1188	(8) 1381	(13) 1327	(18) 965
(4) 1198	(9) 1387	(14) 1273	
(5) 1486	(10) 1356	(15) 1258	

40 4-Digit Subtraction   pp 80, 81

1
(1) 1179	(5) 881	(9) 758	(13) 877
(2) 1079	(6) 666	(10) 967	(14) 948
(3) 788	(7) 852	(11) 883	(15) 996
(4) 987	(8) 839	(12) 957	(16) 998

2
(1) 994	(6) 1007	(11) 1198	(16) 705
(2) 984	(7) 1353	(12) 1188	(17) 481
(3) 884	(8) 803	(13) 1108	(18) 97
(4) 804	(9) 1344	(14) 808	
(5) 1167	(10) 907	(15) 745	

41 4-Digit Subtraction   pp 82, 83

1
(1) 2000	(5) 2340	(9) 2345	(13) 2250
(2) 3000	(6) 2100	(10) 1223	(14) 2248
(3) 3300	(7) 2070	(11) 2328	(15) 1135
(4) 3300	(8) 2500	(12) 3609	(16) 3206

2
(1) 4511	(6) 2361	(11) 2041	(16) 1942
(2) 4535	(7) 3055	(12) 1922	(17) 4099
(3) 3482	(8) 3193	(13) 4645	(18) 2984
(4) 3591	(9) 2214	(14) 3541	
(5) 2417	(10) 2081	(15) 2334	

42 4-Digit Subtraction   pp 84, 85

1
(1) 3528	(5) 2478	(9) 3284	(13) 2285
(2) 2473	(6) 1245	(10) 6236	(14) 1540
(3) 2469	(7) 3314	(11) 6182	(15) 2595
(4) 2518	(8) 3281	(12) 6175	(16) 2663

2
(1) 3570	(6) 2242	(11) 4310	(16) 1960
(2) 3465	(7) 2586	(12) 4307	(17) 2490
(3) 2629	(8) 2488	(13) 1800	(18) 2860
(4) 2568	(9) 3437	(14) 1320	
(5) 2354	(10) 3415	(15) 1990	

43 Subtraction Review   pp 86, 87

1
(1) 115	(5) 195	(9) 8	(13) 303
(2) 207	(6) 131	(10) 121	(14) 400
(3) 530	(7) 253	(11) 227	(15) 353
(4) 114	(8) 234	(12) 249	(16) 107
(17) 117	(19) 117		
(18) 213	(20) 332		

2
(1) 187	(5) 456	(9) 239	(13) 485
(2) 375	(6) 573	(10) 321	(14) 394
(3) 356	(7) 122	(11) 455	(15) 238
(4) 258	(8) 188	(12) 207	(16) 368

3
(1) 1218	(2) 155	(3) 1340	(4) 2827

Advice

If you made many mistakes in **1**, start reviewing on page 48.

If you made many mistakes in **2**, start reviewing on page 64.

If you made many mistakes in **3**, start reviewing on page 78.